AF356222

NOUVELLE MÉTHODE

DE PLAIN-CHANT.

PARIS. — IMPRIMERIE DE A. LE CLERE ET Cⁱᵉ
QUAI DES AUGUSTINS, N. 35.

NOUVELLE MÉTHODE

DE

PLAIN-CHANT

A L'USAGE

DE TOUTES LES ÉGLISES DE FRANCE,

TRAITANT DE TOUT CE QUI A RAPPORT A L'OFFICE DIVIN, A L'ORGA-
NISTE, AUX CHANTRES, AUX ENFANS DE CHOEUR, ETC. CONTENANT
UN ABRÉGÉ DU PLAIN-CHANT ANCIEN, PRÉCÉDÉE D'UNE NOTICE
HISTORIQUE INDIQUANT LES PRINCIPALES PIÈCES DE CHANT, FÊTES,
CÉRÉMONIES ET LES NOMS DES AUTEURS AUXQUELS ELLES SONT
ATTRIBUÉES, ET SUIVIE D'UN ABRÉGÉ DES PRINCIPES DE MUSIQUE
MODERNE.

Dédiée

A MONSEIGNEUR L'ÉVÊQUE DE VERSAILLES,

PAR MATHIEU,

EX-MAÎTRE DE MUSIQUE DE LA CATHÉDRALE.

PARIS. J. ANGÉ, EDITEUR,

RUE GUÉNÉGAUD, Nº 19.

VERSAILLES.

MÊME MAISON, LIBRAIRE DE L'ÉVÊCHÉ.

1838.

NOTICE

INDIQUANT LES PRINCIPALES PIÈCES DE CHANT, FÊTES ET CÉRÉMONIES, ET LES NOMS DES AUTEURS AUXQUELS ELLES SONT ATTRIBUÉES.

Sanctus, etc. *Dominus sabaoth;* par Sixte Ier.

Gloria in excelsis ajouté à la Messe et l'Evangile chanté avant la Consécration sous Télesphorus.

Le *Confiteor*, le *Gloria Patri*, etc. ajoutés aux Psaumes sous Pontiau.

La *Messe* célébrée pour la première fois et l'*Autel dressé* vers l'Orient, sous Sixte II.

La *Dédicace* sous Félix, ainsi que *les offrandes des fruits.*

L'*Invention de la Sainte-Croix*, sous Eusèbe
Saint Pierre-aux-Liens, sous Silvestre.

Les *Psaumes* chantés vers à vers et le *Gloria Patri*, sous le pape Damase. Il ajouta au *Credo: Et in Spiritum sanctum Dominum.*

Saint Ambroise ordonna à Milan. que l'on chanterait à l'église les Psaumes, Hymnes, etc. On lui attribue l'*invention du plain-chant...* Le *Te Deum* est de sa composition, ainsi que la *Préface.*

Anastase Ier ordonna de se tenir debout pendant l'Evangile.

Innocent Ier ordonna *le baisement de la paix*.

Zozime ordonna que le Samedi de Pâques on bénit le *cierge* dit *pascal*.

Célestin Ier ordonna que l'*Introït* de la Messe serait tiré des Psaumes de David, des Graduels et des Offertoires; que le prêtre dirait avant le Psaume *Judica*, et que l'on chanterait les trois *Sanctus*.

Sixte III institua la *fête de saint Pierre-aux-Liens*, le 1er août, pour la victoire d'Auguste César.

Léon Ier ajouta à la Messe *Orate pro me fratres*; *Deo gratias*; au Canon, *Hanc igitur*, et ordonna que l'*Alleluia* et le *Gloria in excelsis* ne seraient pas chantés depuis la Septuagésime jusques à Pâques... On a mis en place de l'*Alleluia* une pièce de chant nommée *Trait*.

Les *Litanies* furent premièrement adoptées à Constantinople, ensuite approuvées par Lupus évêque de Troyes en Champagne, et par saint Mamert, évêque de Vienne en Dauphiné, qui ordonna de les chanter pour apaiser les tremblemens de terre qui se faisaient ressentir alors; il ajouta le *Sanctus Deus*, *Sanctus fortis*,

Sanctus immortalis, miserere nobis, et le jeûne des trois *Rogations*.

Simplicius, évêque, ajouta au Canon de la Messe : *Te igitur clementissime, etc.* A la Préface : *Dignum et justum est.* Il composa plusieurs Hymnes, Collectes, Répons, Graduels, etc.

Gélase, pape, ajouta pour le chant de la Messe, les *Graduels*, les *Traits*, l'*Alleluia* et la *Préface*.

Boétius, poète, composa l'Hymne de saint Pierre, *Aurea luce, etc.*

Symmachus, évêque, ordonna que les dimanches et jours solennels des martyrs, on chanterait le *Gloria in excelsis*.

Félix IV ordonna que l'on célébrerait la *Dédicace* tous les ans.

Agapit, évêque, ordonna que l'on ferait le Dimanche la Procession autour de l'église.

Sylvérius institua la *fête de la Purification*.

Vigilius, pape, ordonna que la Messe fût dite vers l'Orient.

Pélage ordonna que l'on chanterait les *Sept Heures Canoniales*, et ajouta à la Messe la *Mémoire des Trépassés*.

Pélage II ordonna que toutes les Préfaces de l'année seraient fixées à neuf, savoir : Noël,

Pâques, les Rois, la Pentecôte, la Trinité, l'Ascension, les Apôtres, Sainte-Croix, et le jeûne du Carême : il ordonna aussi que le *Credo* fût récité tous les Dimanches à haute voix.

La plus grande partie des chants et cérémonies viennent de saint Grégoire, pape ; les *Antiennes*, l'*Introït* de la Messe, les *Kyrie* chantés neuf fois, l'*Offertoire* et la *Postcommunion*, le *Deus in adjutorium* aux heures canoniales, le *Gloria Patri* aux Psaumes, le *Pater noster* chanté à haute voix, *Ora pro nobis* ajouté au *Regina cœli*.

On lui attribue les Hymnes : 1° *Nocte surgentes* ; 2° *Primo dierum omnium* ; 3° *Ecce jam noctis* ; 4° *Clarum decus jejunii* ; 5° *Audi benigne conditor* ; (on l'attribue aussi à saint Ambroise) 6° *Magno salutis gaudio* ; 7° *Rex Christi factor omnium* ; 8° *Jam Christus astra ascenderet*.

Il fut le premier qui ait ordonné que la Messe commençât par *Introïbo* ; il fut l'inventeur des *processions des Rogations* (Voy. saint Mamert), *de la Chandeleur et de Pâques fleuries* ; on lui doit le *lavement des pieds* le Jeudi-Saint, l'*adoration de la Croix pieds nuds*, le Vendredi-Saint, et les quatre jours ajoutés au Carême, le

Mercredi des Cendres, le Jeudi, le Vendredi et le Samedi.

Sous Savinian, pape, *les lampes ardentes* furent continuellement gardées dans les églises.

Sous Boniface IV, fut instituée, au 1er mai, *la fête de tous les Saints*, laquelle fut remise au 1er novembre.

A Constantinople, fut célébrée *la fête de l'Exaltation de la Sainte-Croix.*

Léon II ordonna qu'après l'*Agnus Dei*, on donnerait la *paix à baiser* à tous les assistans.

C'est à lui qu'on doit les améliorations apportées au chant romain.

Sergius ordonna que l'*Agnus Dei* serait chanté trois fois pendant la Messe, durant la fraction du pain.

Grégoire III ajouta au secret de la Messe, *quorum solemnitas hodie.*

Luitprandus, premier roi des Lombards, prit des *musiciens, prêtres* et *élèves*, pour faire chanter la Messe.

Zacharie, pape, ordonna aux églises d'avoir des *chapes* et autres *ornemens* tissés d'or et ornés de pierres précieuses. On voit encore dans l'église de Saint-Pierre, à Gonesse, des chapes chargées d'or, données par la reine

Blanche, mère de saint Louis ; une chape seule pèse de 50 à 60 livres.

Étienne III, pape, ordonna que le *Gloria in excelsis* serait chanté tous les Dimanches.

Charlemagne envoya plusieurs élèves à Rome, pour apprendre le chant romain, lesquels à leur retour commencèrent à l'enseigner dans l'église de Metz en Lorraine, puis ensuite dans d'autres parties de la France.

Léon III, pape, institua les *Litanies* aux jours des Rogations. Il ajouta l'*encensement* à l'autel.

Paul diacre, chancelier de Didier roi des Lombards, composa des *Leçons* pour tous les jours de l'année.

Albin ou Alcuin, précepteur de Charlemagne, composa l'Hymne *Ut queant laxis :* quelques-uns l'attribuent à Paul, diacre.

Théodulphe, évêque d'Orléans, composa l'Hymne *Gloria, laus, et honor tibi sit,* du dimanche des Rameaux.

Grégoire IV remit la *fête de tous les Saints* au 1er novembre.

Sergius II, pape, ajouta à la Messe la *fraction du pain* en trois parties.

Léon IV, pape, ordonna les *Octaves de l'Assomption* et de *Notre-Dame :* il composa plusieurs Collectes et Oraisons : *Deus cujus, etc.*

Les *Proses* furent ajoutées et chantées à la Messe, à la sollicitation de Notgérus, abbé de Saint-Gall.

Odilon, moine, ensuite abbé de Cluni, institua dans son monastère *le jour des Trépassés*, le lendemain de la Toussaint.

Robert XXXVI, roi de France, étant à Rome, fit chanter la Prose *Sancti Spiritus adsit nobis gratia*, qu'il avait composée, et non la Prose *Veni sancte Spiritus*, que l'on attribue à Innocent III; un R̶. de Noël, *Judæa et Jerusalem : O constantia martyrum, Cornelius centurio*, en l'honneur de saint Pierre : quelques-uns prétendent que ce fut à Saint-Denis, alors appelé Saint-Pierre, et non à Rome.

Jean, pape, confirma la *fête des Trépassés*, et ordonna qu'elle fût observée dans toutes les églises.

Fulbert, évêque de Chartres, composa en l'honneur de la Vierge, les R̶R̶. *Stirps Jesse, Chorus Angelorum, etc.* et plusieurs Hymnes et Oraisons.

Hermanus, moine de Saint-Gall, composa les Antiennes à la Vierge : *Salve regina*, et *Alma Redemptoris*.

La Messe dite *de Beata*, le samedi, par Urbain II.

Dans un Concile tenu à Mantoue, on arrêta que l'*Alleluia* ne serait pas chanté depuis la Septuagésime jusqu'à Pâques. (Voy. ci-dessus Léon Ier.)

Grégoire VII, pape, ordonna l'*offrande* à la Messe.

Honorius III, pape, ordonna que le peuple s'inclinât quand on lève l'Hostie et qu'on la porte aux malades.

Grégoire IX ordonna que le *Salve regina* fût annoncé au son de cloche.

Innocent IV, pape, institua les Octaves de *la Nativité de Notre-Dame.*

Urbain IV institua la *Fête-Dieu.* Saint Thomas-d'Aquin en fit l'Office.

Le *Chapelet* fut inventé par Pierre Damien.

Boniface VIII, pape, ordonna que la *fête des Douze Apôtres* et des *Quatre Évangélistes* serait du rit double-majeur (1). Il composa l'Oraison *Ave Maria gloriosa.*

---

(1) Sous l'épiscopat de Monseigneur E. Borderie, évêque de Versailles, elles ont été établies du rit solennel-mineur dans son Diocèse.

Jean, pape, ordonna de sonner l'*Ave Maria* pendant vêpres.

Clément VI, pape, composa la Messe *de Mortalitate*.

Urbain institua la fête de la *Visitation de la Vierge Marie*. Cette fête fut confirmée par son successeur Boniface IX : ce dernier composa pour la Vierge, l'Oraison *Obsecro te, Domine*, et plusieurs autres.

Au Concile de Bâle fut confirmée la fête de la *Conception de la Vierge Marie*, ainsi que celle de la *Visitation*.

Calixte ordonna la fête de la *Transfiguration*, le 6 août.

Paul II approuva la fête de la *Présentation de la Vierge Marie*.

Sixte IV, pape, institua plusieurs fêtes : celles du *Séraphin*, de *saint François*, de la *Conception*, de la *Présentation*, de *sainte Anne* et de *saint Joseph*. Il fit l'Oraison *Ave sanctissima*, etc.

Louis XII, roi de France, ordonna qu'on chantât *O salutaris Hostia*, pendant l'élévation de l'Hostie.

Une grande partie des Hymnes modernes sont de Santeuil, dit le Victorin, au XVIIe siècle: *Stupete gentes* est regardée comme son chef-d'œuvre.

Elles sont désignées dans le Bréviaire par S. V.

Les Hymnes *Jam lucis* et *Audi benigne* sont de saint Ambroise ; cette dernière est également attribuée à saint Grégoire.

Coffin a fait aussi plusieurs Hymnes, généralement celles de l'office du Dimanche, *Statuta*, *Jam desinant suspiria*, *Qui vos magistri*, *Quæ stella pulchrior*, *Tandem laborum*, *Virgo Dei genitrix*, etc. Elles sont désignées dans le Bréviaire par C.

Plaudite cælites, par le père Pinchon.

O salutaris, par saint Thomas-d'Aquin.

Rex summe regum, par Isaac Habert.

Perfusus ora lacrymis, par Commire.

Memorare, ó piissima virgo Maria, prière du père Bernard.

Veni creator et son chant, attribués à Charlemagne.

Charlemagne rétablit dans les églises d'Occident, le *chant Grégorien*.

Vexilla Regis, par Fortunat, évêque de Poitiers.

Au xiiie siècle, saint Dominique répandit l'usage du *Rosaire*, afin que les chrétiens qui ne savaient pas lire pussent y suppléer par la récitation.

Simon Stock, général des Carmes, au xiiᵉ siècle, fut le premier qui porta *le Scapulaire*. Plusieurs papes ont approuvé cette sainte dévotion.

Quàm admirabilis, ℟. de saint Martin, par Charles-le-Chauve.

L'Office de la *Sainte-Trinité*, par Étienne de Liège, au xiᵉ siècle.

Le ℟. des Morts, *Congregati sunt*, par Maurice de Sulli, évêque de Paris.

La Prose *Stabat*, par un moine, au xivᵉ siècle.

L'Hymne *Gloriam nato*, par Paulin, évêque d'Aquilée.

Ad perennem vitæ fontem, par Pierre Damien.

Saint Bernard fit plusieurs Hymnes : l'*Ave maris stella*, qu'on lui attribue par erreur, existait deux cents ans avant lui. Il corrigea tout le chant ancien.

Thomas Célanus, frère mineur franciscain, auteur de la Prose *Dies iræ*.

On attribue à Ducaurroy, maître de chapelle de Charles IX, Henri III et Henri IV, beaucoup d'*airs* dits *Noëls*, entre autres les airs de *Vive Henri IV* et *Charmante Gabrielle*.

Quelques personnes assurent qu'il y a des

Noëls très-anciens, recueillis de la première église d'Orient, par les Bardes Gaulois, troubadours etc. ,

Ce fut sous le règne de Pepin, au VIIIe siècle, que la chapelle du roi fut créée, sous un maître de musique nommé Ménestrel.

Les premières *cloches* furent fondues à Naples, en 604, et mises en usage sous Sabinien, en 606. Elles furent bénites en 986, sous le pape Jean XV.

Jean IV institua l'*Angelus* en l'honneur de la Vierge, et fit sonner la cloche trois fois, à 6 heures du soir, en 639.

Louis XI, en 1472, le fit réciter à genoux, au son de la cloche de midi, pendant la maladie de son frère.

A Rome, c'est encore l'usage tous les jours à midi et à 6 heures.

FIN DE LA NOTICE.

MÉTHODE

DE PLAIN-CHANT.

DU PLAIN-CHANT ANCIEN.

L'an du monde 2,000, Mercure inventa une Lyre qu'il fit avec une écaille de tortue, à laquelle il attacha trois cordes qui rendoient les sons, *mi*, *si*, *mi* (1), représentant par leur harmonie les trois saisons égyptiennes:

Le son grave ou hypate *mi*, répondait à l'hiver;

Le son du milieu ou la mèse, *si*, répondait au printemps;

Le son aigu ou la nète *mi*, répondait à l'été.

En Grèce, Apollon y ajouta une quatrième corde, *la*; Corebus, une cinquième, *re*; Hyagnis, une sixième, *ut*; Terpandre, une septième, *si*.

Ce système composé de sept cordes, ou Heptacorde, demeura dans cet état jusqu'à Pythagore, qui y ajouta,

(1) Selon M. de Brossart ces cordes se nommoient *mi*, *fa. sol.*

environ cinq ou six cents ans avant Jésus-Christ, une huitième corde, *la*, à laquelle il donna le nom de *Proslambanoménos*, c'est-à-dire, corde ajoutée, pour rendre les extrémités consonnantes, de dissonnantes qu'elles étaient.

EXEMPLE.

note ajoutée.

La — *si, ut, re, mi, fa, sol, la.*

Timothée (1) et autres novateurs s'apercevant que l'étendue de la voix pouvait aller plus loin, ajoutèrent successivement d'autres cordes à celles qui y existaient déjà.

Ce système est composé de deux octaves, ou de quatre tétracordes (2).

Chaque tétracorde commence par un demi ton majeur, suivi d'un ton majeur, et d'un ton mineur.

La note *si* était variable, et marquée par un ♭, nommé bémol; ou par ce signe ♮ ou *h* appelé bécarre, ce qui faisait que ces deux octaves étaient formées de seize notes.

En se servant du *si* bécarre au troisième tétracorde, les troisième et quatrième tétracordes conjoints sont semblables aux deux premiers, une octave plus haut.

Si, ut, re, mi, fa, sol, la.

1er et 2e tétracordes conjoints.

(1) Timothée dans un concours de musique voulut jouer avec une lyre à onze cordes; un éphore ou inspecteur s'en étant aperçu lui en fit retrancher quatre. Terpandre fut condamné à une forte amende pour en avoir employé plus de sept.

(2) Tétracorde signifie quatre cordes.

Si, ♮ *ut*, *re*, *mi*, *fa*, *sol*, *la*.

3e et 4e tétracordes conjoints.

En se servant du *si* bémol au troisième tétracorde,
les trois premiers sont conjoints, et le quatrième dis-
joint.

Si, *ut*, *re*, *mi*, *fa*, *sol*, *la*, *si* ♭, *ut*, *re*, —*mi*, *fa*, *sol*, *la*.

Les Grecs divisèrent le ton majeur en deux demi
tons ; majeur et mineur (1) ; ensuite par imitation, ils
en firent autant du ton mineur, ce qui forma leur
gamme chromatique composée de douze demi tons.
Mais le chant ecclésiastique a gardé le genre diatonique en usage dans les chants religieux antiques. Il y
a dans notre plain-chant d'aujourd'hui des chefs-d'œuvre de noble simplicité ; tels sont le *Libera*, la Prose
des morts *Dies iræ*; celle de la Fête-Dieu, *Lauda
Sion*; l'Hymne *Pange lingua*, etc.

La mélodie à l'unisson, ou octave, telle que l'ont pra-
tiquée les anciens, est préférable à tous les accords
bruyans et dissonnans d'aujourd'hui, qui font souvent
une cacophonie insupportable. La musique des anciens
produisait des effets prodigieux, et la nôtre souvent de
bien faibles.

(1) Et en quarts de tons, mais ils sont inusités chez les modernes. Dans leur système ils avaient un *re* dièze 𝕏 et un *mi* ♭, un
sol dièze 𝕏 et un *la* ♭ ; ces deux cordes formaient des intervalles
enharmoniques qu'on faisait sonner à volonté au moyen de deux
touches brisées. Leur gamme avait ainsi quinze touches au lieu
de treize. (JJ. Rousseau.)

NOTATION MUSICALE:

DES GRECS.

EPTACORDE GRAVE.

TE, TA, TÊ, TÔ, TA, TÊ, TÔ, TE. Séparation.

note ajoutée.

*La, si, ut, re, mi, fa, sol, la. (1)

EPTACORDE AIGU.

TA, TÊ, TÔ, TA, TÊ, TÔ, TE.

* Si, ut, re, mi, fa, sol, la.

DES ANGLAIS.

Mi, fa, sol, la, mi, fa, sol, la, *ou* A, B, C, (*Voy. ci-dessous*) *ou* Ut, re, mi, fa, sol, la, mi, etc.

DES ITALIENS.

Do, re, mi, fa, do, re, mi, fa ;
* Do, re, mi, fa, sol, la, si, do.

DES FRANÇAIS, ROMAINS, ALLEMANDS, ETC.

Jusqu'au XIe siècle.

A, B, C, D, E, F, G.
*La si, ut, re, mi, fa, sol.

DES FRANÇAIS,

depuis le XIe siècle jusqu'aux XVIe et XVIIe.

Ut, re, mi, fa, ut, re, mi, fa ;
* Ut, re, mi, fa, sol, la, si, ut.

(1) Les lignes précédées d'un astérisque indiquent les notes qui ont remplacé les anciennes.

Dans le xie siècle, Guy d'Arrezzo, moine bénédictin, ajouta une note au-dessous du système des Grecs. qu'il appela *hypoproslambanoménos* ou *sol*, c'est-à-dire note sous-ajoutée, désignée par ce signe Γ nommé gamma, d'où vient vraisemblablement le nom de gamme.

Au iiie siècle, le chant vocal fut adopté dans les églises d'Orient. Auparavant on récitait les psaumes comme nous disons les prières, surtout dans quelques couvens.

Au ive siècle, le pape Damase fit chanter les psaumes verset à verset, avec le *Gloria Patri* et le *Sicut erat* à la fin.

A l'église d'Antioche, en Orient, on commença à chanter à deux chœurs.

Saint Ambroise fit de même à Milan au ive siècle. Le *Te Deum* est de sa composition, on l'appelle cantique Triomphal, ou cantique Ambrosien ; le chant de la préface est aussi de lui. Il choisit quatre toniques grecques sur lesquelles il composa le plain-chant, dont on lui attribue l'invention. Ces toniques étaient la *dorienne*, répondant à *re* ; la *phrygienne*, à *mi* ; la *lydienne*, à *fa* ; et la *mixolidienne* à *sol*. Ces quatre toniques que l'on appelle *authentes*, existent encore de nos jours.

Au vi^e siècle, saint Augustin, premier évêque de Cantorberi, imita saint Ambroise. Cette manière de chanter fut suivie dans tout l'Occident, en Italie, en Afrique, en Espagne et en France.

En Grèce, dans les temps reculés, la poésie et les lois étaient chantées ; les premières lois furent mises en vers.

Les poètes, les magistrats et les principaux chefs de

l'état, pratiquaient seuls la musique (1) ; ils transmettaient les lois au peuple en chantant et en s'accompagnant ou se faisant accompagner avec la lyre. Cette manière d'enseigner s'est perpétuée, sans le secours de l'écriture, jusque dans les premiers siècles de l'ère chrétienne.

L'an 585 avant Jésus-Christ, Cadmus l'historien introduisit l'usage de la prose.

C'est à peu près à la même époque que les musiciens commencèrent à s'affranchir du joug d'accompagner les chanteurs, et cherchèrent à devenir plus habiles sur leurs instrumens.

La musique des Grecs était tellement chargée de signes, qu'on en comptait 1620, tant pour la musique vocale que pour l'instrumentale.

Les Romains du temps de Boèce, au ve siècle, comprenant l'inutilité de cet amas de signes, y substituèrent les quinze premières lettres de leur alphabet.

A, B, C, D, E, F, G, H, I, K, L, M, N, O, P.
La, si, ut, re, mi, fa, sol, la, si, ut, re, mi, fa, sol, la.

Les lettres de la seconde octave ne sont point semblables à celles de la première.

Au vi^e siècle, saint Grégoire réduisit ces quinze lettres à sept, savoir :

A, B, C, D, E, F, G.
la, si, ut, re, mi, fa, sol.

---

(1) Une loi interdisait au peuple la poésie et la musique, et parmi les grands quiconque ne savait pas chanter ou jouer d'un instrument était regardé comme un ignorant ne sachant ni lire ni écrire.

Les grandes lettres A, B, etc. indiquaient l'octave grave ;

Les petites, a, b, c, d, e, f, g, la seconde octave ou moyenne ;

Les mêmes doublées, aa, bb, etc. la troisième octave ou l'aiguë.

Saint Grégoire ajouta aux quatre tons de saint Ambroise les quatre suivans : le *sous-dorien*, répondant à *la*; le *sous-phrygien*, à *si*; le *sous-lydien*, à *ut*; et le *sous-mixolidien*, à *ré*.

Ces quatre tons furent appelés plagaux ou adjoints. Ils étaient une quarte au-dessous des authentes.

DIFFÉRENCE DES TONS AUTHENTES AUX TONS PLAGAUX.

Les authentes ont la quinte au grave et la quarte à l'aigu.

EXEMPLE :

Les plagaux ont la quarte au grave et la quinte à l'aigu.

Saint Grégoire s'appliqua principalement à régler l'office et le chant de l'église; il institua de plus une école de chant, afin que les clercs, chantres ou machicots s'exerçassent à se former la voix et à chanter juste.

DES GAMMES ET MODES GRECS,

OU LES HUIT TONS DE L'ÉGLISE, MIS EN USAGE PAR SAINT GRÉGOIRE.

Il y a sept gammes différentes, tirées d'après la gamme moderne, ut, re, mi, fa, sol, la, si.

1° *Dorienne*,	Re, mi, fa, sol, la, si, ut, re.
2° *Phrygienne*,	Mi, fa, sol, la, si, ut, re, mi.
3° *Lydienne*,	Fa, sol, la, si, ut, re, mi, fa.
4° *Mixo-lydienne*,	Sol, la, si, ut, re, mi, fa, sol.
5° *Eolienne*,	La, si, ut, re, mi, fa, sol. la.
6° *Ionienne*,	Si, ut, re, mi, fa, sol, la, si.
7° *Hypo-phrygienne*,	Ut, re, mi, fa, sol, la, si, ut.

Les cinq premières gammes appartiennent aux tons authentes. La sixième ne peut devenir authente, parce que sa quinte supérieure n'est pas juste ; car elle donnerait pour sa plagale *fa* dièze *sol, la, etc.* ce qui ne peut avoir lieu à cause de l'altération du fa dièze qui n'existe point dans toutes les gammes.

EXEMPLE EN NOTES MODERNES.

Les notes rondes désignent la tonique et les notes rapprochées les intervalles par demi tons.

Les demi tons sont de *mi* à *fa,* et de *si* à *ut.*

Les tons sont de *re* à *mi,* de *fa* à *sol,* de *sol* à *la* , de *la* à *si,* et d'*ut* à *re.*

TONS AUTHENTIQUES, NOMMÉS HARMONIQUES.

Dorien.
1er *ton.*

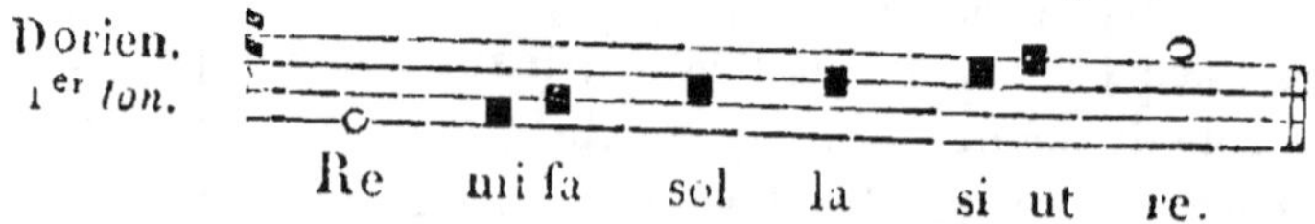

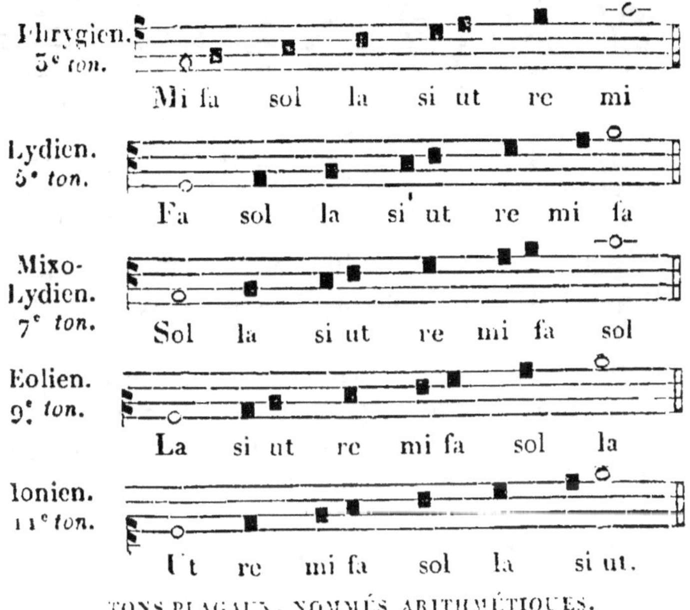

TONS PLAGAUX, NOMMÉS ARITHMÉTIQUES.

(1) Hypo signifie sous.

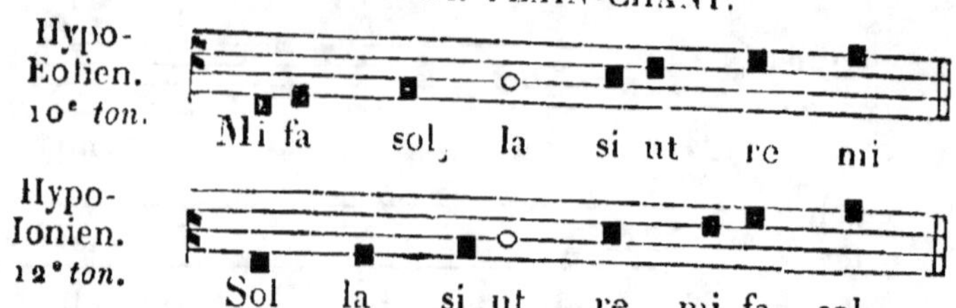

La différence qu'il y a du Dorien à l'Hypo-Mixo-Lydien, est que dans ce dernier la tonique est *sol*, et dans le Dorien, la tonique est *re*.

Ces tons portaient le nom des peuples chez lesquels ils étaient le plus en usage, ou avaient été inventés.

Les tons authentes ou primitifs commencent leur gamme par la tonique, et les plagaux par la quarte au-dessous.

Ces douze tons ou gammes se réduisent à huit.

1° Le Dorien et l'Eolien se confondent. Ce dernier est transposé à la quinte au-dessus ou à la quarte au-dessous. Comme les tons et les demi tons ne sont pas à la même distance, on met le *si* bémol à la clé dans le Dorien, pour avoir la gamme naturelle de l'Eolien en conservant la même clé ; ainsi des trois autres.

2° L'Hypo-Dorien avec l'Hypo-Eolien.

3° Le Lydien avec l'Ionien.

4° L'Hypo-Lydien avec l'Hypo-Ionien.

EXEMPLE DE CES QUATRE MODES.

Dans le deuxième ton, il n'est point d'usage de mettre le *si* bémol à la clé ; mais selon le besoin on le met dans le cours d'une pièce de chant. Dans le chant romain par a. d. de La Feuillé, en 1749, le *si* bémol n'est marqué nulle part ; il n'est en usage à la clé que dans les 1 en **D**, et 5 et 6 en **C**, transposés comme ci-après.

Dans ces derniers tons, on est dans l'usage de les marquer par **C** quoiqu'ils finissent par **F** ; de là est venu que l'on a donné à la clé d'*ut* le double nom de *C sol ut*, parce que la note *ut* peut se changer en *sol*, ou le *sol* en *ut*, par la transposition.

De même que l'*ut* peut se changer en *fa* ou le *fa* en *ut* :

L'on a conservé l'ancienne clé C ou note grégorienne qui répond à notre *ut*, mais elle ne sert à rien. L'on a donné ensuite ces noms de *C sol ut* à la tonalité; c'est-à-dire si la pièce de chant est en *ut* ou en *re*, on disait la pièce est en C *sol ut*, en D *la re*, etc.

EXEMPLE.

B	fa	si
A	mi	la
G	re	sol
F	ut	fa
E	si	mi
D	la	re
C	sol	ut

Les facteurs marquent aussi par ces lettres majuscules les chevilles ou sont attachées les cordes du piano. Elles

signifient encore la tonique et la dominante en musique,
mais non pour le plain-chant. Ce ne serait au plus que
dans les tons authentes et non dans les plagaux, car le
2e et le 6e ton ont pour dominante la tierce. *Voyez ci-
après*.

Les personnes qui ne seraient pas familiarisées avec
la clé d'*ut* première et seconde lignes, pourront prendre la clé d'*ut* avec un bémol ou quatre degrés plus
haut.

Clé d'*ut* 2e ligne.

Du 6e ton en C ou *ut*,
au lieu de cette clé, prenez
celle qui est sur la qua-
trième ligne.

Clé d'*ut* 4e ligne.

On le marque de même
quoique la pièce finisse par
fa.

Clé d'*ut* 1re ligne.

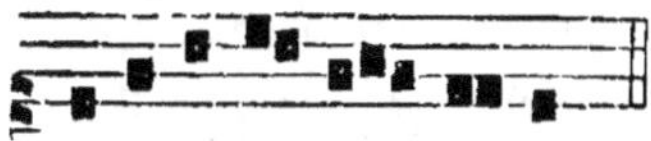

Du 5e ton en C ou *ut*,
au lieu de cette clé, prenez
celle qui est sur la troisième ligne.

Clé d'*ut* 3e ligne.

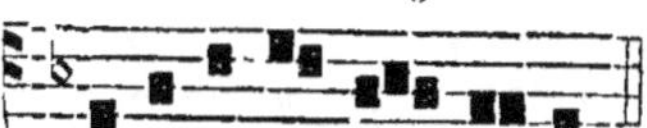

On le marque de même
quoique la pièce finisse
par *fa*.

Clé d'*ut* 2e ligne.

Du 1er ton en A ou *la*,
au lieu de cette clé, prenez
celle qui est sur la qua-
trième ligne.

Clé d'*ut* 4e ligne.

On le marque de même
quoique la pièce finisse par
re.

2

Ce sont ces transpositions qui ont fait réduire les douze tons à huit (1).

MANIÈRE D'ÉCRIRE OU DE NOTER LE PLAIN-CHANT.

Au VIIIe siècle, Damascenus inventa les deux lignes suivantes, qui renferment les sept lettres grégoriennes, ainsi que les notes.

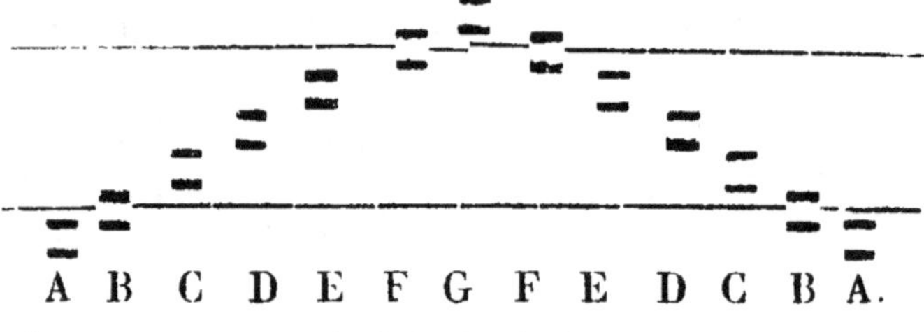

(1) Je préviens MM. les musiciens, s'ils veulent savoir le plain-chant, de bien étudier les gammes précédentes qui ne ressemblent en rien à celles des modernes, si ce n'est la gamme d'*ut*.

Tel pianiste qui jouerait en perfection toute la musique de Steibelt ou de Cramer, serait de prime abord en peine de jouer la moindre pièce de plain-chant, surtout dans les 3 , 4 , 7, 8e tons, etc.

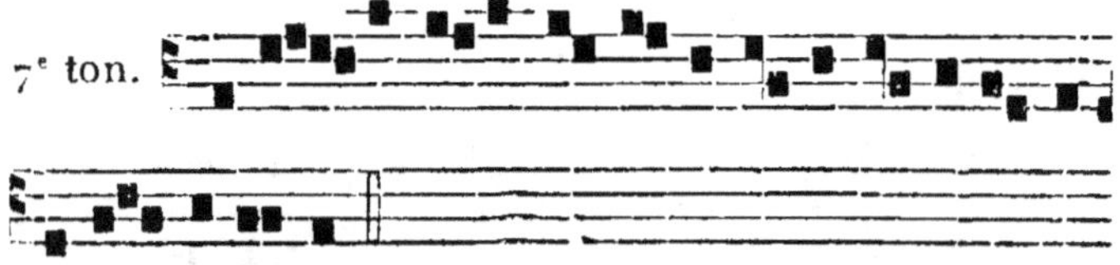

GRADUEL DE LA MESSE DE SAINT MARCEL.

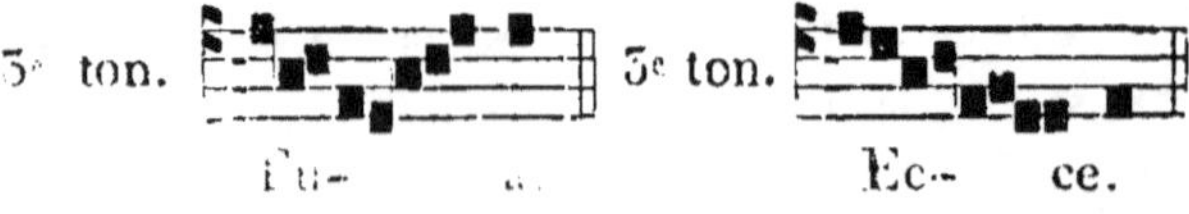

EXEMPLE SANS LIGNES PAR GUY L'ARÉTIN.

Les notes sont sur le texte.

Sit nomen Domini benedictum in secula.

EN NOTES MODERNES.

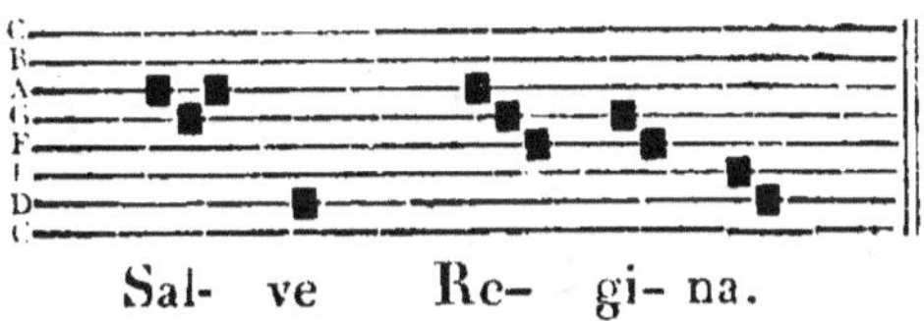

EXEMPLE A HUIT LIGNES DU MÊME AUTEUR.

Les lettres qui sont au commencement désignent les notes et servent de clés.

EN NOTES MODERNES.

Les modernes ont conservé les trois lettres **F, C, G**. placées de quinte en quinte en montant, sous cette forme :

L'usage de noter la musique sur des lignes parallèles n'était pas reçu généralement ; car depuis le XIe siècle jusqu'au XIVe, les uns se servaient de deux , les autres de trois, de quatre, de cinq lignes, et quelquefois n'en faisaient pas usage.

EXEMPLE OU LES HUIT LIGNES SONT RÉDUITES A QUATRE, PAR LE MÊME AUTEUR.

Les notes sont placées sur les lignes et dans les inter-lignes. Il donna à ces points ou notes le nom de *ut*, *re*, *mi*, *fa* . *sol*, *la*, syllabes prises de la première strophe de l'hymne de saint Jean-Baptiste, attribuée à **Paul diacre** , ou à **Alcuin**, précepteur de **Charlemagne** , en 802.

HYMNE EXTRAITE DU CHAPITRE DE SENS.

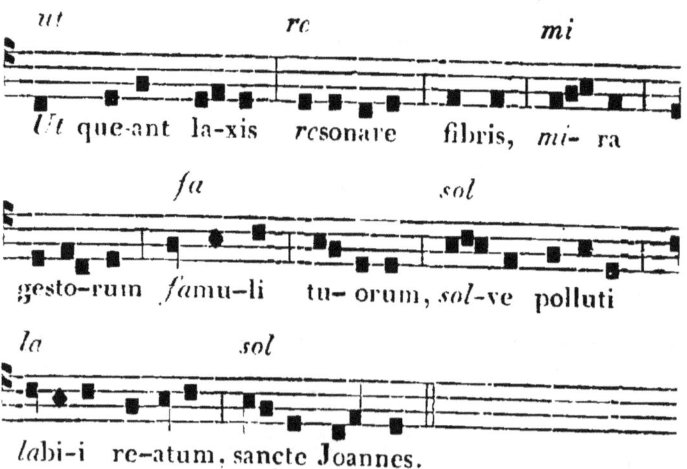

Observez que ces six notes ont le son qui leur est assigné selon l'ordre de la gamme.

AUTRES MANIÈRES DE NOTER.

1° *Clé de* Fa.

Ut que- ant la- xis *re-* sona- re fibris

mi- ra ges- to- rum *Famu-* li tu-

o- rum *sol-* ve pol-lu- ti *la-*bi- i

re- a- tum, sanc-te Jo- annes.

2°

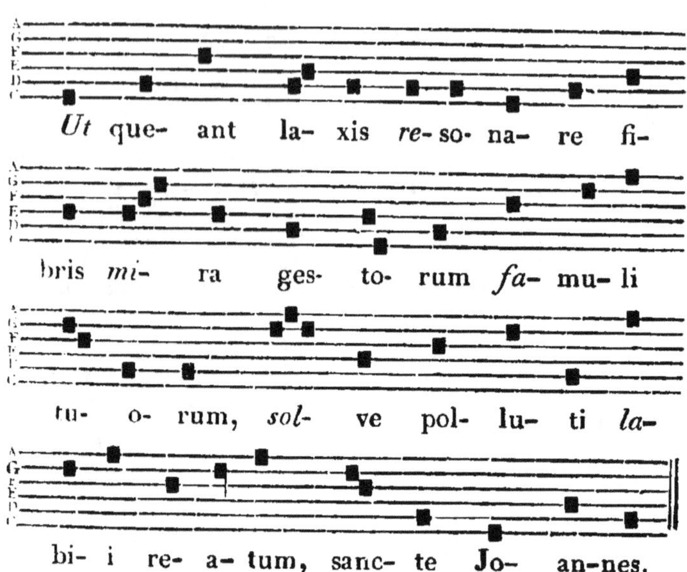

Exemple où la première ligne marquée en rouge ou
jaune désignait le *fa*, et la troisième ligne marquée en
vert désignait l'*ut*. Les deux autres lignes étaient marquées par des lettres.

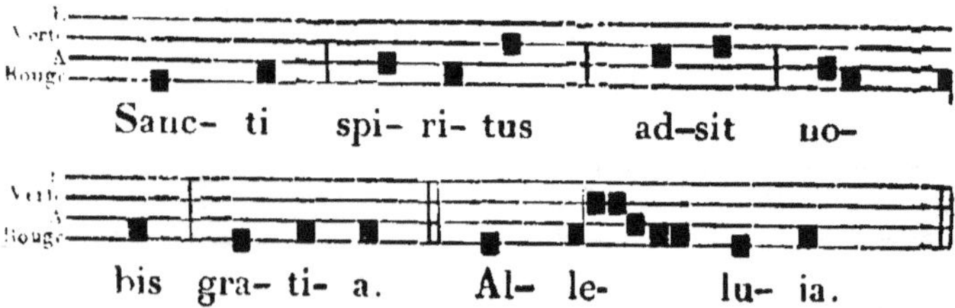

Quand le chant descendait, les lignes rouges ou ver-
tes montaient, comme dans l'exemple suivant, et les
deux lettres descendaient.

MESSE DES CINQ PLAIES.

Alors on ne se servait pas de lignes additionnelles; il fallait que le chant fût compris dans les quatre lignes.

Guy d'Arrezzo fit compter par exacordes les six cordes ou notes.

Il y a trois sortes d'exacordes; le *dur*, le *naturel* et le *mol.*

EXACORDE DUR.

Sol, la, si ♮, ut, re, mi.
Ut, re, mi, fa, sol, la.

La troisième note *si*, était remplacée par le ♮ et se nommait *mi*, ce qui lui faisait donner le nom de *dur.*

EXACORDE NATUREL.

Ut, re, mi, fa, sol la.

EXACORDE MOL.

Fa, sol, la, si ♭ , ut, re.
Ut, re, mi, fa,   sol, la.

On mettait un bémol à la quatrième note pour la rendre plus agréable; elle se nommait *fa* , ce qui lui faisait donner le nom de mol.

Il résulte de tout ceci que si la note *si* était naturelle, on chantait par ♮ ou par nature, et par bémol si elle était marquée par ♭.

Quelques auteurs ont aussi donné à chaque note le nom de voix, son, degré, accord, harmonie. Les anciens appelaient accord, harmonie, le parfait ensemble des voix avec l'exécution instrumentale.

Guy d'Arrezzo n'est point l'inventeur des notes; il n'a fait que changer le nom et la forme de celles qui existaient avant lui. Avant Guy, la notation musicale s'écrivait sur des lignes, mais non dans les interlignes. Ce fut lui qui fixa le nombre des lignes à quatre. Il plaça les notes sur les lignes et dans les interlignes; il inventa les deux clés d'*ut* et de *fa* dont on se sert encore de nos jours.

ODE D'HORACE ÉCRITE A LA MODERNE.

Chant que l'on dit être un air grec sur lequel Horace adapta dans le premier siècle plusieurs de ses odes; on l'a choisi pour chanter l'hymne ci-après.

Mouvement marqué.

Du temps de Guy et long-temps après, on nommait le *si* naturel, *mi*; il était désigné par ce signe ♮ ou *h*.

Le *si* bémol était désigné par B on ♭ et se nommait *fa* ou *za*. Cette note *si* n'a été inventée qu'au XVIIe siècle par Lemaire

On était obligé à la rencontre de *si*, *ut*, de prévenir une ou plusieurs notes d'avance ce demi-ton, afin de l'éviter par un changement de nom de note, ce que l'on appelait nuance.

Au lieu de dire comme nous faisons aujourd'hui :

Ut, re, mi, fa, sol, la, si ♮, ut ;

on disait : Ut, re, mi, fa, ut, re, mi, fa.

ou   Ut, re, mi, fa, sol, la, si ♮, ut ;
on disait : Ut, re, mi, fa, sol, mi, fa, sol,
ou re.

Enfin, toutes les fois que l'on voulait faire un demi-ton, on disait toujours *mi*, *fa*, en montant, ou *fa*, *mi*, en descendant.

Comme l'on nommait le *si* bémol *fa* ou *za*, dans le graduel, au IVe dimanche après la Pentecôte, qui commence par les mots *Heu mihi*, *etc.*, on disait :

Le bémol qui se rencontre quelquefois sur le *mi* se nommait aussi *fa*, de sorte que le *fa* avait un triple emploi, ce qui était fort embrouillant.

Anciens.
Modernes.

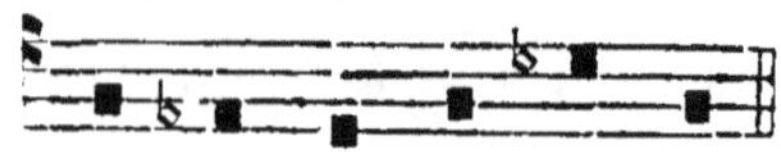

<table>
<tr><td>Anciens.</td><td>{</td><td>Fa, ma, re, fa, fa, fa.</td></tr>
<tr><td></td><td></td><td>Fa, za, re, fa, za, fa.</td></tr>
<tr><td>Modernes.</td><td></td><td>Fa, mi♭, re, fa, si♭, fa.</td></tr>
</table>

Dans l'exemple suivant, on faisait le *mi* bémol, quoiqu'il ne fût pas écrit, afin d'éviter la progression de quarte majeure qu'il y a du *si* bémol au *mi* naturel.

Ut, za, ut, re, za, ut.

Ut, si♭, ut, re, mi♭, ut.

DU PLAIN-CHANT MODERNE.

Partie Élémentaire.

DES LIGNES.

Il y a quatre lignes.

Ces quatre lignes réunies se nomment portée. On peut en ajouter une dessus ou dessous. Elles ont été inventées dans le XIe siècle par Guy l'Arétin, moine Bénédictin.

DES CLÉS, INVENTÉES PAR GUY.

Il y a deux sortes de clés, la clé d'*ut* et la clé de *fa*. La clé d'*ut* se pose sur la première, deuxième, troisième et quatrième lignes.

Les notes qui sont placées sur la ligne de la clé en prennent le nom. Les clés ne se mettent jamais dans les interlignes.

La clé de *fa* se pose sur la première, deuxième, troisième et quatrième lignes.

Toutes ces clés sont pratiquées dans le chant romain, même dans le cours d'un morceau de chant ; ce qui n'a pas lieu dans le chant parisien ; si ce n'est dans des cas très-rares, comme on le verra plus loin.

Il y a plusieurs de ces clés qui ne sont pas usitées.

RAPPORT DES CLÉS.

1º La clé de sol, quatrième ligne, correspond à la clé d'*ut*, deuxième ligne.

2º La clé de *fa*, quatrième ligne, correspond à la clé de *sol*, première ligne.

3º La clé de *fa*, deuxième ligne, correspond à la clé d'*ut*, quatrième ligne.

4º La clé de *fa*, première ligne, correspond à la clé d'*ut*, troisième ligne.

Les clés les plus en usage sont : la clé d'*ut* sur la quatrième ligne ; la clé d'*ut* sur la troisième ligne, et la clé de *fa* sur la troisième ligne.

En cas de transposition on peut changer les clés comme ci-après.

DE LA CONNAISSANCE DES NOTES ET DE LEUR ÉTENDUE SUR TOUTES LES CLÉS.

L'étendue naturelle des notes doit être circonscrite dans les quatre lignes et interlignes, dites portée, c'est-à-dire depuis la note au-dessous de la première ligne jusqu'à celle au-dessus de la quatrième, ce qui fait neuf degrés, ou par extension, en ajoutant une ligne dans l'aigu ou dans le grave, ce qui donne treize degrés. Cela suffit pour l'étendue des voix : en ajouter davantage, c'est s'exposer à faire crier dans l'aigu, ou à n'être pas entendu dans le grave.

9 Degrés.

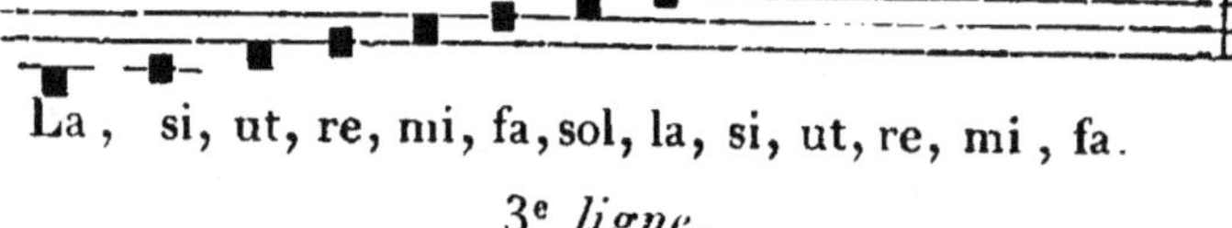

Extention 13 dégrés.

CLÉS D'*UT*.

4ᵉ *ligne*.

3ᵉ *ligne*.

2ᵉ *ligne*.

1ʳᵉ *ligne*.

CLÉS DE *FA*.

4ᵉ *ligne*.

Re , mi, fa, sol, la, si, ut, re, mi, fa, sol, la , si.

3ᵉ *ligne*.

Fa , sol, la , si, ut, re, mi, fa, sol, la, si, ut, re.

2ᵉ *ligne*.

La, si, ut, re, mi, fa, sol, la, si , ut, re, mi, fa.

1ʳᵉ *ligne*.

Ut, re, mi, fa, sol, la, si, ut, re, mi, fa, sol, la.

Dans le chant romain on ne se sert pas de lignes ajoutées, ce qui force souvent à changer de clé si le chant a un peu d'étendue.

DES NOTES.

Il y a sept notes, qui sont, ut, re, mi, fa, sol, la, si, que l'on répète au besoin à l'octave, soit au-dessus ou au-dessous et dans le même ordre, car il y a peu de voix qui n'aient dix ou douze notes d'étendue et même plus.

Ces sept syllabes avec la réplique de la première, forment ce que nous appelons *gamme*.

Cette gamme est composée de cinq tons naturels et de deux demi-tons également naturels.

EXEMPLE.

ut, re, mi, fa, sol, la, si, ut.

un ton, un ton, un 1/2 ton, un ton, un ton, un ton, un 1/2 ton.

Les modernes on pris pour base de leur système cette gamme, *ut, re, mi, fa, sol, la, si, ut*, comme étant plus harmonieuse que l'ancienne, *la, si, ut, re, mi, fa, sol, la,* ou *re, mi, fa, sol, la, si, ut, re,* bien qu'elle soit plus défectueuse, étant dans deux modes différens. L'intervalle de *fa* à *si* est très-dur à entonner.

La gamme *ut, re, mi, fa, sol, la, si♭, ut,* est plus harmonieuse que celle d'*ut, re, mi, fa, sol, la, si♮, ut,* surtout en plain-chant. Voyez les deux passages suivans et jugez.

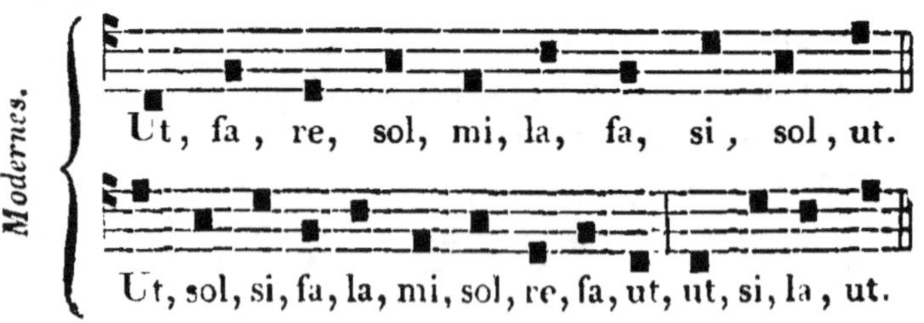

GAMME D'UT.

(1) Que dire de cette gamme mineure ?

Nos pauvres plainchanistes crieraient à l'anathème.
Les modernes font quelquefois en descendant celle des Grecs.

Ces derniers étaient plus simples, ils faisaient cette gamme en
montant et en descendant de la même manière, c'est-à-dire toutes notes naturelles, de même dans toutes les autres, excepté le
si, qui était tantôt bémol ou béquarre. Laissons à la musique ses
intonations quelquefois dures , et gardons pour nous la simplicité et la facilité. Le plain-chant, quoiqu'avec ses notes naturelles, est plus riche en gamme ou mode que la musique.

La clé étant ainsi posée sur la quatrième ligne, l'élève dira *ut* sous la première ligne ; *re* sur la première ligne, *mi* dans l'interligne ; *fa* sur la deuxième ligne ; *sol* dans l'interligne ; *la* sur la troisième ligne ; *si* dans l'interligne ; *ut* sur la quatrième ligne ; *re* dans l'interligne ; *mi* sur la ligne ajoutée, et *fa* au-dessus. — *Si* sur la ligne ajoutée au grave, et *la* au-dessous.

Quand l'élève concevra cet exemple, on lui tracera au hasard quelques points ou notes, et on lui fera écrire le nom des notes.

EXEMPLE.

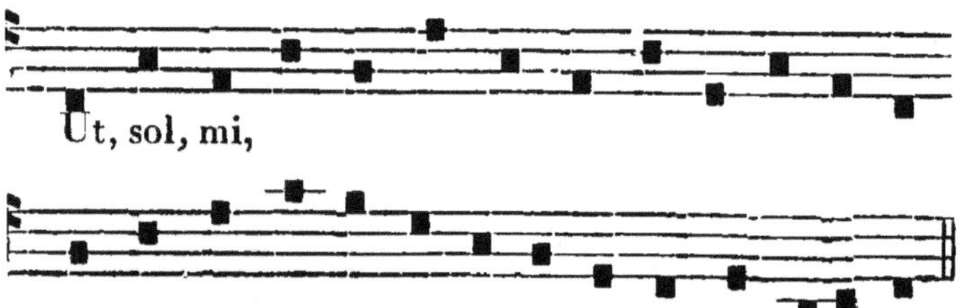

L'élève continuera à marquer les autres notes.

AUTRE MANIÈRE.

L'élève peut figurer ces lignes par les quatre doigts de la main gauche, et faire la même opération que ci-dessus. Il dira *ut* sous le petit doigt, *re* sur le petit doigt figurant la première ligne, etc. ; par ce moyen l'élève, soit à la promenade ou ailleurs, pourra, en très-peu de temps connaître ses notes et même les chanter. Ce procédé, quoiqu'enfantin, peut être très-utile.

Lorsque l'élève aura la connaissance parfaite de ses notes, le maître peut lui faire chanter les gammes (*Voy*. pag.38) Il suffit de donner à chaque note la valeur dedeux temps égaux, en faisant un frappé et un levé de la main, comme :

2ᵉ temps, levez la main.

1ᵉʳ temps, frappez ou baissez la main.

Si la personne a de l'intelligence, on peut lui faire donner trois mouvemens à chaque note, comme :

3ᵉ temps, en levant la main.

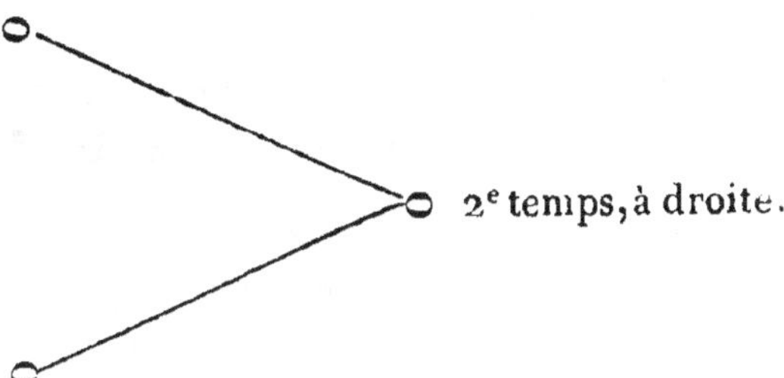

1ᵉʳ temps, frappez ou baissez la main.

DE LA VALEUR DES NOTES.

Les anciens ne se servaient pour notes que de points égaux, soit pour les syllabes longues ou brèves.

Au xviiie siècle, l'on inventa trois sortes de notes, la longue ▉, la quarrée ▉, et la brève ◆.

La longue vaut deux notes quarrées;

La quarrée deux notes brèves.

Ces trois notes se sont conservées dans le chant de l'Eglise catholique; on peut les appeler le sacré ternaire, symbole de la Trinité.

Il y a trois autres sortes de notes ; la maxime ▉ qui vaut deux longues, mais elle n'est point d'usage ; la romboïde ◣ , et la plique ▉

La romboïde vaut un peu plus que la brève ; la plique équivaut à la longue ; ces deux dernières notes se rencontrent peu aussi.

Aujourd'hui on ne met la longue que devant la brève pour avertir que l'on doit rester un peu plus afin de mieux faire sentir la brève.

En 1338, Jean de Muris inventa des notes de différentes valeurs, comme la maxime, la longue, la brève, la semi-brève, la minime, etc. ▉ ▉ ▉ ◆ ♈

Dans beaucoup de pièces de chant, comme Graduels, répons, etc. la note longue et la quarrée sont mises indistinctement et ont la même valeur.

Pour bien exécuter le plain-chant, il faut qu'à chaque note on fasse un frappé et un levé bien égaux; ce qui équivaut à une mesure binaire. On donnera à la brève un quart de temps pris sur la note quarrée, surtout en psalmodie. Un chant bien battu vaudra mieux qu'un chant lâche et monotone.

Il y a des églises où l'on observe les longues et les

brèves dans le plain-chant, et d'autres qui font toute note quarrée, même à Paris ; les longues et les brèves valent mieux, à mon sens.

Dans le Romain on fait beaucoup de notes brèves de suite. aussi le chant est moins lourd que celui de Paris et autres.

Quand on rencontre deux notes quarrées qui se touchent, on en fait la valeur double ; cela arrive souvent dans les dernières strophes des Proses.

Lorsqu'il y a deux brèves de suite, on fait la première un peu plus longue que la seconde.

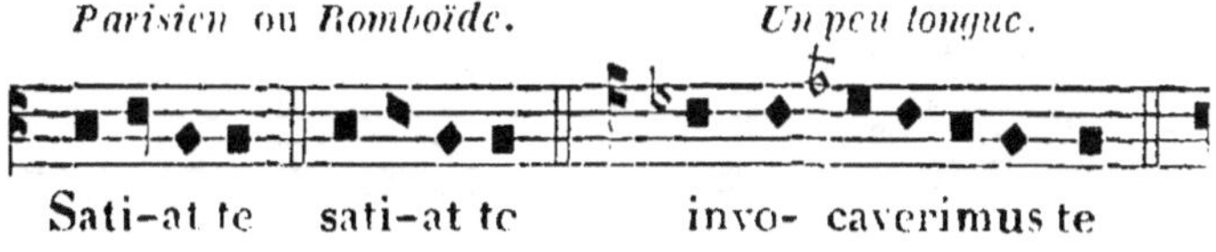

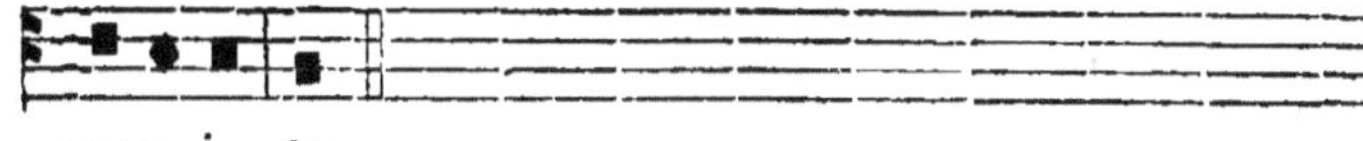

Avant le xviie siècle on chargeait de notes les syllabes brèves.

En 1250. à Amiens on disait :

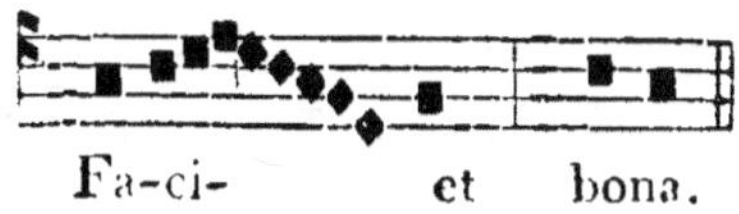

On dit encore à Paris les passages suivans :

Dans l'Hymne *Forti tegente*, au temps de Pâques.

Voyez la lettre *o* chargée de vingt-huit notes dans le
R̷. des premières Vêpres de la sainte Trinité, composé
dans le xie siècle.

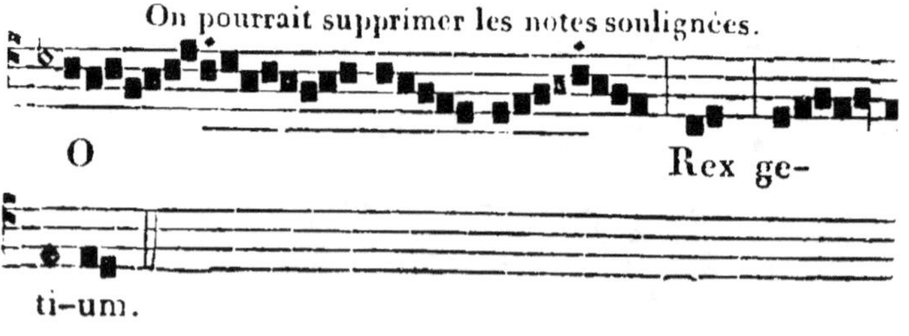

M. l'abbé le Bœuf dit qu'il y en avait davantage autrefois.

Il y a 46 notes sur le mot *Kyrie* des dimanches de l'Avent.

Dans l'hymne *Verbum* de la Fête-Dieu, le dernier vers de chaque strophe cadre mal avec le chant.

Je ne citerai que le dernier vers, *In sempiterna secula*, on fait une longue et même un repos sur la seconde syllabe de *sempiterna* qui est brève.

Chant écrit.

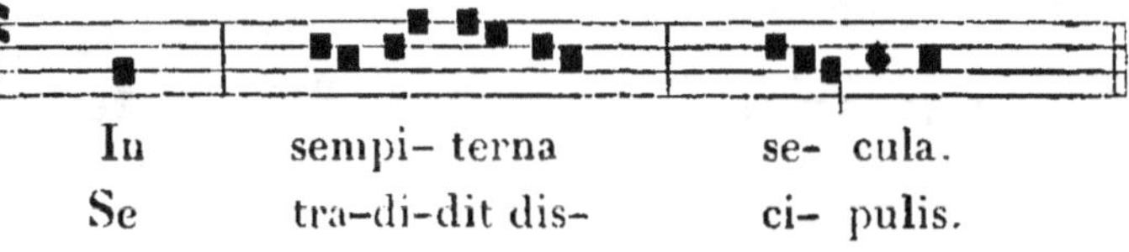

Meilleur.

AUTRE DANS L'HYMNE DE SAINT PIERRE.

DANS LE CINQUIÈME TON.

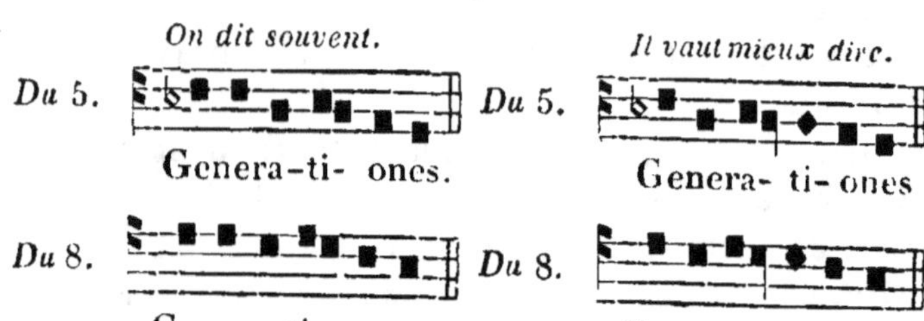

Le ton étant bien établi, on pourrait transporter la liaison comme ci-après.

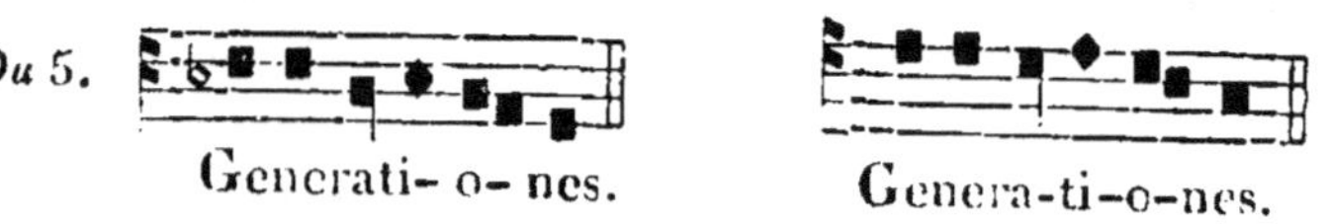

Il faut observer un petit silence après *Patri*, et ne pas dire *Patri et Filio*.

Dans la psalmodie la brève est censée compter pour rien, ou bien pour un quart de temps pris sur la longue ou note quarrée.

A deux temps un peu bref.

C'est comme s'il y avait :

Mais dans le plain-chant ordinaire la note quarrée,
à queue ou non, devant une brève, augmente sa valeur de moitié.

LA MESURE A DEUX TEMPS UN PEU BRÈVE.

Il y a quelques diocèses qui font comme dans la
psalmodie.

Dans beaucoup de livres, surtout dans les proses à
mesures ternaires, on trouve la note à queue, au lieu
de la note quarrée, suivie d'une brève, et dans d'autres,
une note quarrée suivie aussi d'une brève.

Les gens peu exercés préfèrent la première manière.

Dans la mesure à trois temps la longue vaut deux
notes quarrées, et le point une. La brève placée après
la note à queue est réputée note quarrée. La quarrée
vaut deux brèves.

La manière de noter le plain-chant est très-impar-
faite.

3

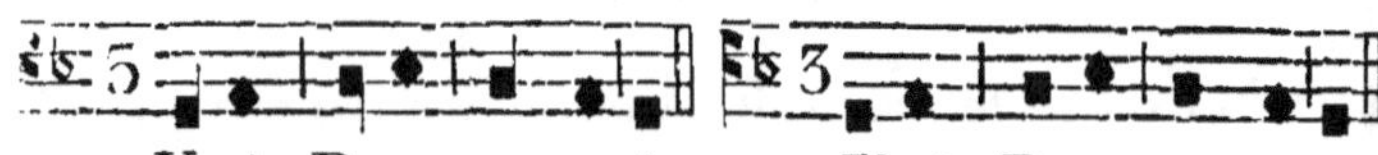

La longue vaut deux temps et la brève un temps.   La note quarrée vaut deux temps et la brève un temps.

Comme l'on voit, la note à queue est mise pour la note quarrée. Il vaudrait mieux écrire comme il suit, c'est-à-dire une note quarrée après celle à queue, et une note brève après la quarrée.

EXEMPLE.

Il vaudrait mieux écrire, dans le premier exemple, trois notes quarrées au mot *superis* et trois brèves au même mot dans le second exemple.

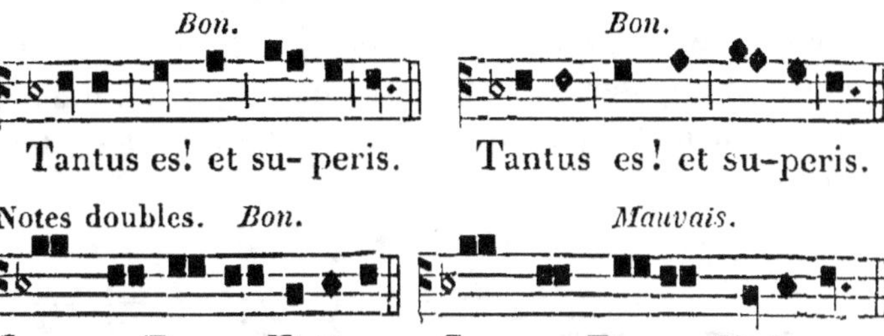

Dans la Prose de l'Ascension, on a changé le rythme de quelques strophes, ce qui fait qu'il n'y a point de régularité pour la mesure.

CHANT ÉCRIT.

Il vaudrait mieux chanter ainsi; le passage serait plus doux :

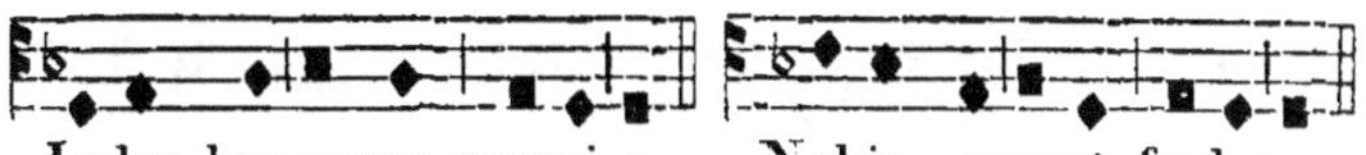

Je crois que le chant n'a point été fait pour les paroles (*et vice versâ.*)

On rencontre souvent dans le plain-chant non mesuré un point après une note; ce point signifie une ponctuation plus ou moins parfaite. Il indique de faire un repos; pourtant on n'y a point égard dans le chant, au lieu que dans les chants mesurés le point vaut moitié de la note qui le précède, surtout dans les mesures ternaires.

Dans l'hymne de saint Jean, et autres qui sont du

genre binaire, quoiqu'il n'y ait pas de point écrit, il faut le supposer; alors la note quarrée, soit à queue ou sans queue, augmente la moitié de sa valeur devant une brève.

CHANT ÉCRIT.

Il faut l'exécuter ainsi :

PLAIN-CHANT ÉCRIT.

Le commencement du chant plus marqué.

Dans les finales on prolonge l'avant-dernière note, marquée ordinairement par une note à queue.

Si les Hymnes susceptibles d'être mesurées (elles le sont de fait comme poésie) étaient bien écrites, on les exécuterait avec fermeté, et non point en tâtonnant, comme du plain-chant ordinaire, ce qui fait perdre de leur beauté.

DES SIGNES ALTERATIFS.

Il y a trois signes altératifs; le bémol (♭), le dièze (♯), et le béquarre (♮).

Il n'y a guère que deux bémols pratiqués dans le plain-chant, le *si* et le *mi* bémols.

Le si ♭ peut se mettre à la clé, ou dans le cours d'une pièce de chant; le mi ♭ ne se met jamais à la clé, il n'est qu'accidentel.

Le *bémol* sert à baisser le son de la note d'un demi-ton mineur; le *dièze* sert à hausser le son de la note d'un demi-ton mineur.

Le *béquarre* sert à remettre le son de la note dans son ton naturel.

Ce dernier se marque aussi sans être précédé des deux signes ci-dessus quand on suppose que l'intervalle est douteux.

Si la note qui doit être altérée est liée à d'autres notes on met l'altération devant la première note de la liaison.

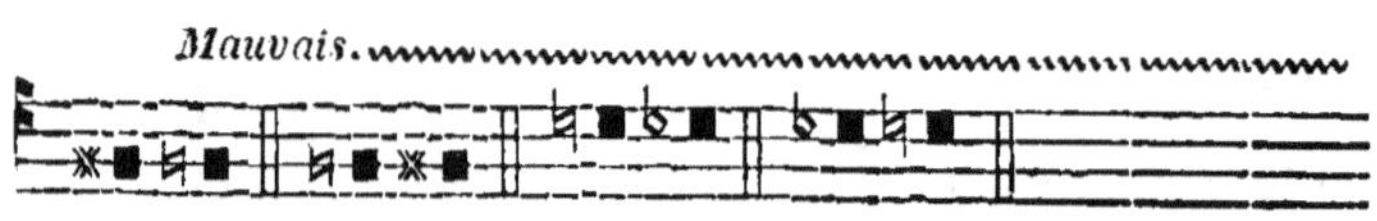

On rencontre ce dernier passage dans la messe de
Dumont ; c'est de mauvais goût.

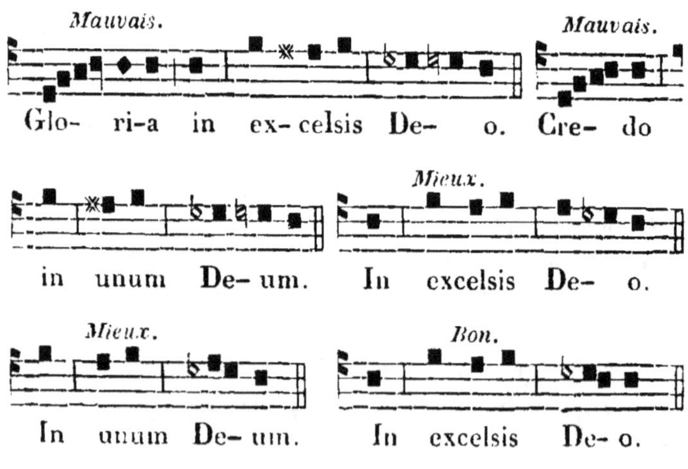

Dans beaucoup d'endroits, quoique le dièze ne soit pas écrit, on peut faire dans les intonations, repos. finales, et surtout précédé du si naturel, le fa dièze, si la note monte ensuite au sol dans les 7e et 8e tons ; et ut dièze dans les 1er et 2e tons si la note monte au re.

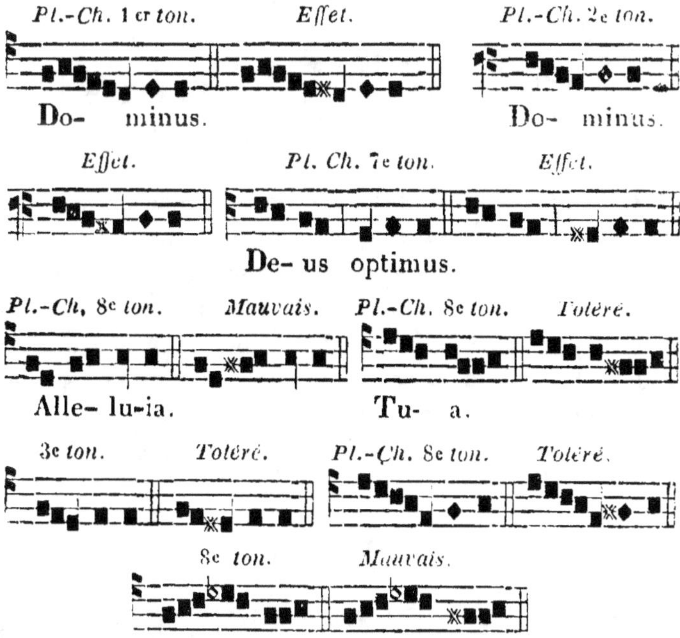

Dans tout ceci on consultera son goût et l'usage des lieux.

Dans l'Alleluia de la messe des Rogations, il y a

deux quartes majeures qui donnent une intonation dure ; il faut y faire attention, si on ne veut pas être surpris. Ces sortes de passages sont rares.

Dans plusieurs livres le béquarre est écrit, dans d'autres il n'y est pas.

Dans beaucoup de cas l'oreille doit décider ; car il y a souvent des intervalles qui sont durs, surtout sil'on a oublié l'altération, ce qui arrivait souvent dans les anciens livres romains et autres, où l'on trouve surtout dans le deuxième ton rarement le bémol et le béquarre et jamais le dièze. Ce n'est qu'aux xvie et xviie siècles que l'on s'est permis ces altérations.

Le si précédé du fa, ou d'un re, (*et vice versá*,) doit être bemolé.

EXEMPLE.

En supprimant le bémol, tous ces exemples seraient durs.

Il faut éviter la sixte majeure et la septième majeure, à moins que ces intervalles ne soient amenés par d'autres un peu moins grands.

Voyez différens exemples tirés des livres de plain-chant, quoique souvent baroques.

Dans la prose *Dies iræ* en faux bourdon, dans les
livres notés, la taille fait au second vers une tierce majeure qui annonce la note sensible du mode mineur de
ré, tandis que la basse est en *la* mineur et passe dans
le mode majeur d'*ut*. Cette tierce mineure fait un
mauvais effet avec la basse; il faut nécessairement *ut*
naturel au lieu d'*ut* dièze.

DES HUIT TONS OU MODES.

Ce mot ton a plusieurs acceptions.

1° On dit : d'ut à re, il y a un ton ; c'est le mot propre.

2.° Prendre le ton ou saisir le son quand il s'agit de s'accorder.

3° Cet air est dans tel ton ou mode, c'est celui dont il s'agit ici. On confond souvent ces deux mots, ton ou mode, ainsi je me servirai indistinctement de l'une et de l'autre expression.

Il y a trois sortes de modes. Le mode majeur, le mode mineur direct, et le mode mineur indirect ou inverse.

Ces modes se reconnaissent par leurs finales et leurs tierces.

Si de la tonique à la tierce il y a deux tons, comme ut mi, fa la, le mode est majeur.

Si de la tonique à la tierce il y a un ton et demi, comme la ut, re fa, le mode est mineur direct.

Si de la tonique à la tierce il y a un demi-ton et ensuite un ton, comme *mi sol*, le mode est mineur indirect ou inverse.

La différence est que dans le précédent le demi-ton est entre les 2ᵉ et 3ᵉ degrés, et que dans celui-ci il est entre le 1ᵉʳ et le 2ᵉ.

Pour bien connaître le ton, il faut savoir :

1° *Quel est le chiffre et la lettre qui sont au commencement de la pièce* de chant.

Il y a des grandes et des petites lettres. Les grandes lettres A, B, C, D, E, F, G, désignent les finales

complètes ; et les petites, a, b, c, d, e, f, g, les incom-
plètes. Ces dernières regardent la psalmodie ; mais la
pièce n'en termine pas moins par une finale complète.
Dans tout ce qui n'est point psalmodie, comme antienne, répons, on supprime souvent la lettre, et l'on
ne garde que le chiffre.

2.º *Quelle est la clé, sa position.*

3º *Quelle est la tonique ou note finale.*

4º *Quelle est la tierce.*

C'est elle qui détermine le ton en musique. La
tierce de l'accord parfait se nomme médiante, et dans
le plain-chant ce mot désigne un repos imparfait, ou la
conclusion de la première partie d'un verset du psaume;
car dans le deuxième et sixième tons la médiante et la
dominante sont la même chose; ainsi donc dans
le plain-chant il n'y a réellement point de médiante
dans le sens musical.

5º *Quelle est sa dominante.*

Dans la musique, la dominante est toujours la quinte
supérieure au-dessus de la tonique, au lieu qu'ici la
dominante est tantôt tierce, quarte, quinte et sixte,
elle désigne la note qui rebat ou se répète souvent : on
l'appelle aussi *teneur.*

Dans les Antiphonaires, on ne trouve que la seconde
partie du verset de la psalmodie. La première note en
est toujours la dominante. Il n'y a que dans le premier
ton irrégulier qui est le chant de l'*In exitu,* où il faut
prendre la note au-dessus pour dominante, ainsi que
dans le sixième ton, dit Royal. Il faut donc savoir par
cœur l'intonation et la médiante.

6º *Quelle est son intonation.*

7° *Quelle est son étendue.*

Elle est ordinairement d'une octave. On peut faire une ou deux notes au-dessus ou au-dessous, sans perdre son caractère primitif, mais si elle excède de trois ou quatre notes en dessous comme dans le *Salve Regina* (qui est du 1er ton) , aux mots *Et Jesum* , ce passage entre dans les cordes du plagal, ce qui le fait appeler mixte. De même dans le répons *Inebriabuntur*, qui est du 6e ton plagal , son étendue excède de quatre notes dans la partie supérieure, ce qui le fait appeler passage mixte, c'est-à-dire entrant dans les cordes du 5e ton, son authente.

8° *Si le ton est authente ou plagal.*

Les authentes, c'est-à-dire tons primitifs ou supérieurs, sont les nombres impairs, 1, 3, 5, 7, 9, 11.

Les plagaux, c'est-à-dire adjoints inférieurs, sont les nombres pairs, 2, 4, 6, 8, 10, 12. Ces derniers sont à la quarte au-dessous des authentes.

DES TONS.

DU 1er TON , DIT DORIEN.

1° Le 1er ton se marque du chiffre 1 et de la lettre D, ou par une petite lettre, selon la terminaison de la psalmodie.

2° Sa clé est celle d'*ut* quatrième ligne.

3° Sa tonique finale est *re*.

4° Sa tierce est *fa* qui indique le mode mineur.

5° Sa dominante est *la*.

6° Son intonation est *fa, sol, la, la*.

7° Son étendue est de *re* à *re*.

8° Il est du mode authente.

Ce ton s'indique aussi par la lettre **A**, mais alors on met un bémol à la clé, ce qui indique que l'on peut se servir de la clé d'*Ut* seconde ligne, et chanter en *La* naturel mineur. (*Voyez le* 9e *ton.*)

DU 2e TON OU HYPO-DORIEN.

1° Le 2e ton se marque par le chiffre 2 et la lettre **D**.
2.° Sa clé est celle de *fa* 3e ligne.
3° Sa tonique ou finale est *re*.
4° Sa tierce est *fa*, ce qui annonce un mode mineur.
5° Sa dominante est aussi *fa*.
6° Son intonation est *ut, re, fa*.
7° Son étendue est de *la* à *la*.
8° Il est du mode plagal.

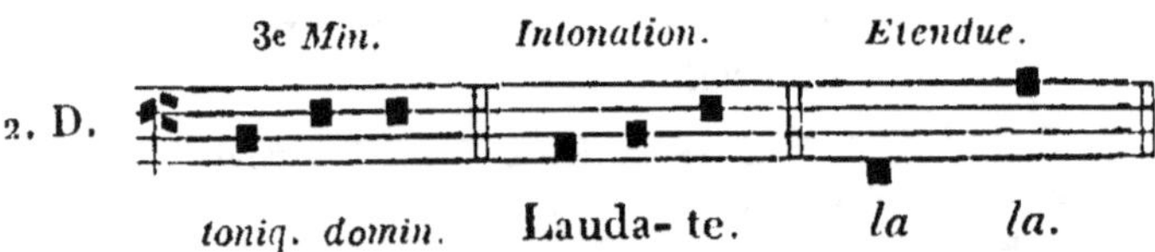

On l'indique aussi par la lettre **A**. (*Voyez le* 10e *ton*). Ce ton est irrégulier.

On pourrait le chanter à la
clé de *fa* 3e ligne.

Intonation. *Intonation.*

2. D.

Lauda-te. Lauda-te.

DU 3e TON. PHRYGIEN.

1° Le 3e ton se marque par le chiffre 3 et la lettre E
si le ton est complet, et par une petite lettre s'il est incomplet.

2.° Sa clé est celle d'*ut* 4e ligne.

3° Sa tonique ou finale est *mi*.

4° Sa tierce est *sol*, ce qui annonce un mode mineur
inverse ou indirect.

5° Sa dominante est *ut*.

6° Son intonation est *sol, la, ut, ut*.

7° Son étendue est de *mi* à *mi*.

8° Il est du mode authente.

5. E.

4e TON. HYPO-PHRYGIEN.

1° Le 4e ton se marque par le chiffre 4 et la lettre E
si le ton est complet ; et par une petite lettre s'il est
incomplet.

2.° Sa clé est celle d'*ut* 4e ligne.

3° Sa tonique ou finale est *mi*.

4° Sa tierce est *sol*, ce qui annonce un mode mineur
inverse, comme le précédent.

5° Sa dominante est *la*.

6° Son intonation est *la, sol, la, la*.

7° Son étendue est de *si* à *si*.

8° Il est du mode plagal.

Ce ton se transpose à la quarte et à la quinte.
(*Voyez ci-après.*)

5e TON. LYDIEN.

1° Le 5e ton se marque par le chiffre 5 et la lettre F si le ton est complet, et par une petite lettre s'il est incomplet.

2° Sa clé est celle d'*ut* 3e ligne.

3° Sa tonique ou finale est *fa*.

4° Sa tierce est *la*, ce qui annonce un mode majeur.

5° Sa dominante est *ut*.

6° Son intonation est *fa, la, ut*.

7° Son étendue est de *fa* à *fa*.

8° Il est du mode authente.

Ce ton s'indique aussi par la lettre C, alors on met un bémol à la clé. Dans ce cas on peut se servir de la clé d'*ut* première ligne; ce qui revient au même. (*Voyez le 11e ton.*)

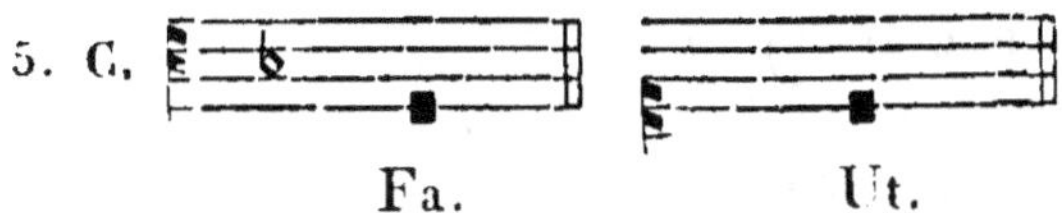

6e TON. HYPO-LYDIEN.

1° Le 6e ton se marque du chiffre 6 et de la lettre F.

2.° Sa clé est celle d'*ut* 4e ligne.

3° Sa tonique ou finale est *fa;* elle ne varie pas.

4° Sa tierce est *la*, ce qui indique un mode majeur.

5° Sa dominante est *la*.

6° Son intonation est , comme celle du 1er ton, *fa. sol, la, la.*

7° Son étendue est d'*ut* à *ut*.

8° Il est du mode plagal.

Ce ton s'indique aussi par la lettre C; alors on met un bémol à la clé. Dans ce cas on peut se servir de la clé d'*ut* 2e ligne. (*Voyez le* 12e *ton*).

7e TON. MYXO-LYDIEN.

1° Le 7e ton se marque par le chiffre 7, et la lettre G si le ton est complet, et par une petite lettre s'il est incomplet.

2° Sa clé est celle d'*ut* 3° ligne.

3° Sa tonique on finale est *sol.*

4° Sa tierce est *si*, ce qui annonce un mode majeur.

5° Sa dominante est *re.*

6° Son intonation est *ut, ut, re, re.*

7° Son étendue est de *sol* à *sol.*

8° Il est du mode authente.

8° TON. HYPO-MYXO-LYDIEN.

1° Le 8° ton se marque par le chiffre 8, et la lettre G si le ton est complet, et par une petite lettre s'il est incomplet.

2° Sa clé est celle d'*ut* 4° ligne.

3° Sa tonique ou finale est *sol.*

4° Sa tierce est *si*, ce qui annonce un mode majeur.

5° Sa dominante est *ut.*

6° Son intonation est *sol, la, ut.*

7° Son étendue est de *re* à *re.*

8° Il est du mode plagal.

Il ne faut pas confondre ce ton avec le premier. Dans celui-ci la tonique est *re*, et dans le 8° ton c'est le *sol.*

9ᵉ TON. EOLIEN.

1° Le 9ᵉ ton se marque par le chiffre 1 et la lettre **A**.

2° Sa clé est celle d'*ut* 2ᵉ ligne.

3° Sa tonique ou finale est *la*.

4° Sa tierce est *ut*, ce qui annonce un mode mineur.

5° Sa dominante est *mi*.

6° Son intonation est *ut, re, mi, mi*.

7° Son étendue est de *la* à *la*.

8° Il est du mode authente.

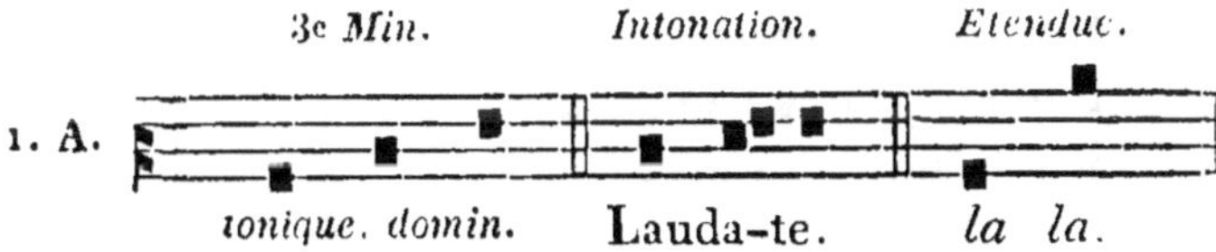

Au lieu de se servir de la clé d'*ut* 2ᵉ ligne on prend la clé d'*ut* 4ᵉ ligne, avec un bémol. (*Voyez le* 1ᵉʳ *ton*).

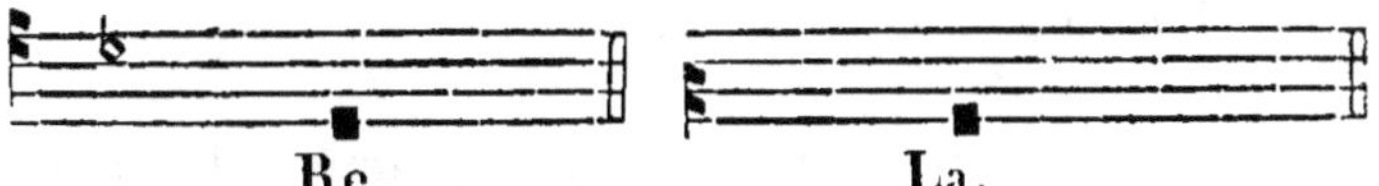

10ᵉ TON. HYPO-EOLIEN.

1° Le 10ᵉ ton se marque par le chiffre 2 et la lettre **A**.

2° Sa clé est celle d'*ut* 3ᵉ ligne.

3° Sa tonique ou finale est *la*.

4° Sa tierce est *ut*, ce qui annonce un mode mineur.

5 Sa dominante est *ut*.

6° Son intonation est *ut, si, ut, ut*.

7° Son étendue est de *mi* à *mi*.

8° Il est du mode plagal. (*Voyez le* 2ᵉ *ton*).

11e TON. IONIEN.

1° Le 11e ton se marque par le chiffre 5 et la lettre C.

2° Sa clé est celle d'*ut* première ligne.

3° Sa tonique ou finale est *ut*.

4° Sa tierce est *mi*, ce qui annonce un mode majeur.

5° Sa dominante est *sol*.

6° Son intonation est *ut, mi, sol*.

7° Son étendue est de *ut* à *ut*.

8° Il est du mode authente.

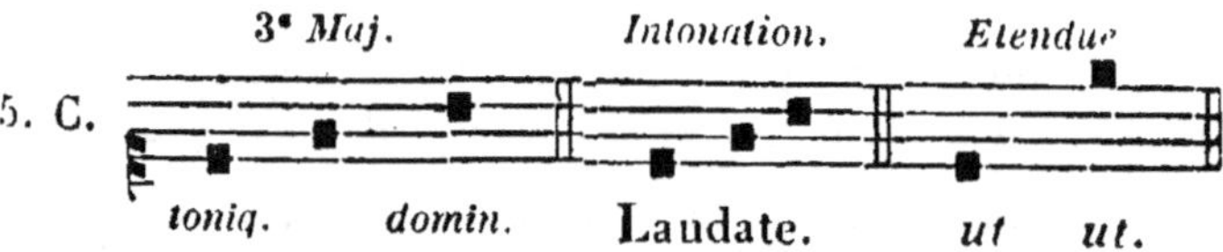

Au lieu de se servir de la clé d'*ut* première ligne, on prend la clé d'*ut* troisième ligne avec un bémol.

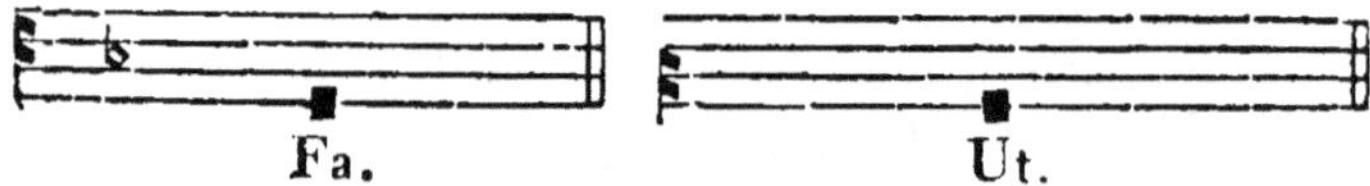

12e TON. HYPO-IONIEN.

1° Le 12e ton se marque par le chiffre 2 et la lettre C.

2° Sa clé est celle d'*ut* 2e ligne.

3° Sa tonique ou finale est *ut*.

4° Sa tierce est *mi*, ce qui annonce un mode majeur.

5° Sa dominante est *mi*.

6° Son intonation est *ut, re, mi, mi*.

7 Son étendue est de *sol* à *sol*.

8° Il est du mode plagal.

Au lieu de se servir de la clé d'*ut* 2.e ligne on prend la clé d'*ut* 4e ligne avec un bémol.

Comme on le voit, ces quatre derniers tons sont transposés; le 9e du 1er, le 10e du 2e, le 11e du 5e et le 12e du 6e, ce qui réduit les 12 tons à 8.

NOTES ESSENTIELLES QUI ENTRENT LE PLUS DANS LE CHANT.

On peut y admettre les autres notes selon la longueur
du morceau de chant, comme formant de petits repos,
et servant à enchaîner les phrases.

Voici l'analyse d'une antienne de la Nativité de la
sainte Vierge.

Il y a quatre dominantes, qui sont *fa*, *la*, *ut*, *re*.
Fa dans le 2e ton.—*La* dans le 1er, 4e et 6e.—*Ut* dans
le 3e 5e et 8e. —*Re* dans le 7e.

Le verset du psaume qui est dans l'introït roule sur
une de ces quatre dominantes, comme dans la psalmodie, de même dans les alleluia et répons.

TABLEAU GÉNÉRAL DES CLÉS AVEC TRANSPOSITIONS ET CHANGEMENS DES TONIQUES ET DES DOMINANTES DANS CHAQUE TON.

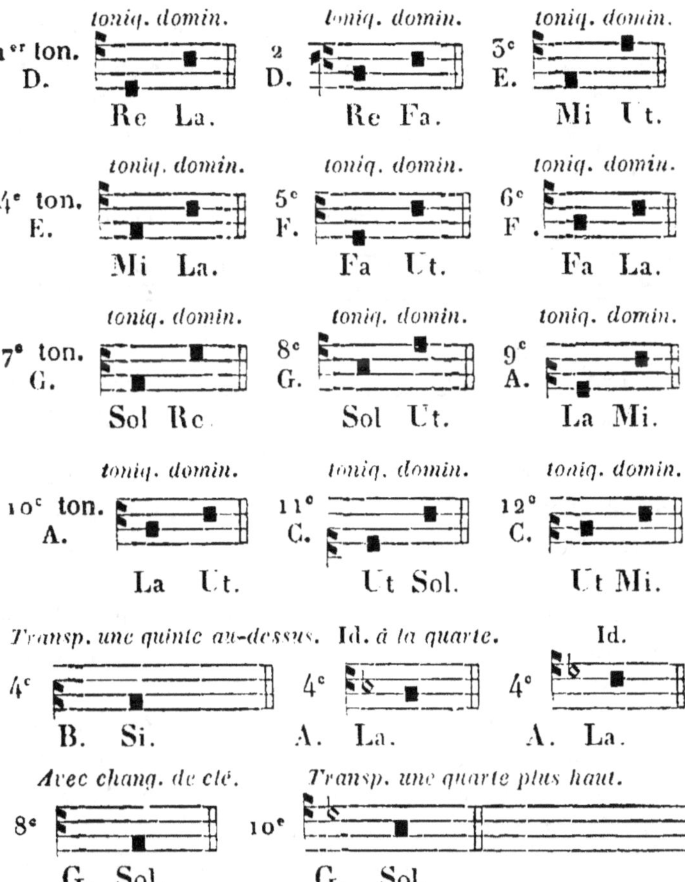

Il ne faut pas confondre ce ton avec le 8e. Dans ce dernier la tierce est majeure et dans le 10e elle est mineure.

Les anciens faisaient beaucoup usage de changemens de clés, surtout dans le chant romain, afin d'éviter d'ajouter des lignes. Alors ils se servaient du guidon qui est une espèce de demi-note à queue, comme ⊐, indiquant la note suivante. Il se met aussi à la fin de la portée avec la même intention, quoiqu'il n'y ait pas changement de clé. Les modernes se servent de cette dernière manière.

Dans le romain on trouve fréquemment l'antienne écrite avec la clé de *fa* 3e ligne, ce qui annonce le 2e ton; et le psaume noté sur la clé d'*ut* 4e ligne, ce qui annonce le 1er ton.

De même que l'antienne écrite avec la clé d'*ut* 3e ligne qui annonce le 7e ton, et le psaume noté sur la clé d'*ut* 4e ligne annonçant le 8e ton.

Dans le chant parisien, au 16e dimanche après la Pentecôte, on trouve le répons de la procession écrit du 2e ton avec la clé de *fa* 3e ligne, et le verset à la clé d'*ut* 4e ligne qui est du premier ton.

Ce répons est du genre mixte, c'est-à-dire mélangé du 1er et du 2e ton. (*Voyez les exemples transposés ou avec changemens de clés.*)

MOYEN DE METTRE LES DOMINANTES A L'UNISSON.

On prend un son quelconque au-dessus duquel on puisse former quatre ou cinq notes sans s'efforcer ou crier.

Supposé le 1er ton dont la dominante est *la*, à partir de cette note on monte jusqu'au *mi*.

Puis on cherche la première note de l'intonation qui est *fa*, en descendant de trois notes, comme :

Si on veut passer du 1er ton au 2e ton, dont la dominante est *fa*, on change *la* en celle de *fa* à l'unisson, et on descend de quatre notes pour trouver la première de l'intonation de ce dernier, comme,

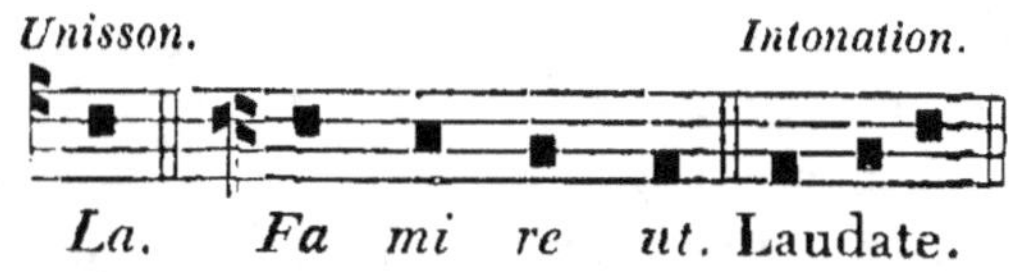

Si on veut passer du 1er au 3e on met l'*ut* du 3e ton à l'unisson du *la* et l'on descend de quatre notes, comme :

4

On ne place jamais la dominante sur le *si ;* c'est pourquoi dans le 3ᵉ ton on met la sixte au lieu de la quinte ; et dans le 8ᵉ la quarte au lieu de la tierce.

On opérera de même pour les autres tons.

DE L'ABUS DES NOTES DOUBLES ET DES NOTES FINALES.

On doit blâmer la multiplicité des cadences finales que l'on rencontre souvent dans les ✠ ✠ des alleluia et des répons, tandis que le sens des paroles ne l'exige pas. Voyez l'exemple *Ecce vox de cœlis*, le *Veni sancte Spiritus*, etc. Les trois notes doublées sur *amoris* font un très-bel effet ; mais mises çà et là et fréquemment dans le courant du chant, elles entravent sa marche et lui donnent de l'irrégularité.

Voyez l'*Hæc dies* du jour de Pâques, etc.

DE LA PSALMODIE.

Pour bien psalmodier, il y a cinq choses à observer ; 1° l'intonation ; 2° la dominante ; 3° la médiation ; 4° la médiante ; 5° la terminaison.

1° L'intonation est celle qui se fait au commencement d'une pièce de chant ou d'un verset, et que le chœur continue.

Dans les psaumes, le premier verset, ou au moins la moitié, est entonnée par un choriste, et le chœur achève l'autre selon le ton convenable. Tous les autres versets commencent par la dominante, de même que les cantiques.

A l'approche de Noël, aux antiennes dites *O*, on chante tous les versets du *Magnificat* de même que l'intonation. Dans les fêtes annuelles on devrait faire de même. ainsi qu'aux *Benedictus* et *Nunc dimittis*, quoiqu'il y ait de l'orgue. En ce cas, il ne faut point faire de faux-bourdon ; mais si l'on fait le faux-bourdon , on traite ces cantiques comme les psaumes ordinaires; on n'observe point les monosyllabes latins ni hébreux à la médiante, car l'harmonie serait suspendue. Le chant des cantiques varie dans les 2, 4, 6, 8 tons. Voyez ci-après aux modes.

2° La dominante est la note sur laquelle roulent en partie les mots : on l'appele aussi teneur ou tenne.

Dixit Dominus Domino me-o.

3° La médiation est une note sur laquelle on appuie avant d'arriver à la médiante, qui est la moitié du verset, à laquelle on fait une petite pause. Cette médiation est la plus importante et la plus difficile à saisir. Il est presqu'impossible de donner des règles générales, parce que chaque diocèse a ses usages. En voici pourtant quelques-unes.

4° La médiante est celle qui termine la première partie du verset, sur laquelle il faut faire un petit re- pos.

La médiante est aussi la tierce de la tonique dans les tons authentes seulement.

5° La terminaison est celle qui annonce la finale. Il y a aussi quelques variantes à faire et difficiles à saisir.

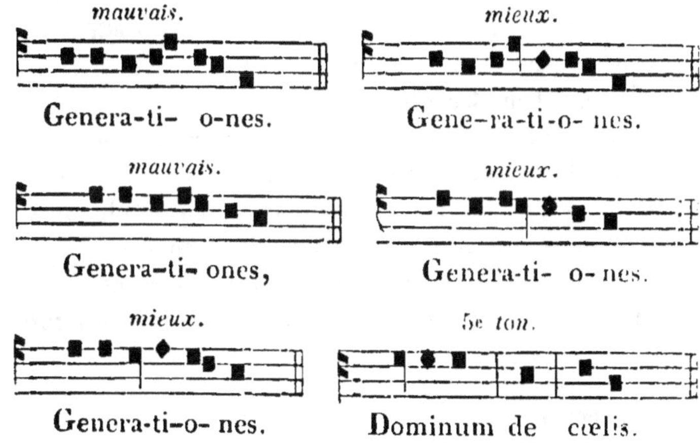

CONSEILS POUR MM. LES CHANTRES.

1° Ne pas commencer un verset que l'autre ne soit fini.

2° Pendant que l'un chante un verset de la psalmodie, l'autre doit examiner la médiation et la finale du ℣ suivant, s'il ne veut pas être surpris, car il y a des versets très-difficiles à dire.

3° Ne point précipiter la psalmodie, même les jours de féries. On peut débiter très-vite, sans avoir l'air de courir la poste, les jours solennels, chanter plus gravement mais sans lenteur ; il faut de la majesté.

Il serait à désirer que les chantres sussent leurs psaumes par cœur ; qu'ils se rassemblassent de temps

(1) On peut baisser d'une tierce la dernière syllabe, *rum*.

en temps pour chanter et convenir de tout ce qui concerne le chant, surtout la psalmodie, relativement à la quantité, car c'est la partie la plus épineuse. Il y a peu de bons psalmodistes.

4° **Si** le verset est long, il faut faire une respiration aux virgules, mais moins longue qu'à la médiante; surtout ne point séparer les mots, *nomine tuo, semen tuum, Domino meo, sapientia tua, obliti sunt,* etc.

Il faut dans les mots suivans, faire un petit repos après *Domini* (repos) *est terra;* de même après *sede* (repos) *à dextris meis;* et non pas *Domini est* (repos) *terra, sede à* (repos) *dextris meis.*

Il ne faut point enjamber sur la syllabe d'un autre mot ou phrase, puis faire un repos, comme *fiat voluntas* (repos) *tua, sicut in* (repos) *cœlo et in terra,* ou *facta in verita* (repos) *te tua;* c'est ce qu'on appelle vulgairement points de savetier. Cela provient de ce que l'on ne respire pas à propos.

Dans *mea aperies,* séparer un peu ces deux mots afin que l'on entende légèrement les deux *a.*

Il n'en est pas de même dans *Aaron,* il suffit de rester un peu sur le premier, comme s'il n'y en avait qu'un.

5° **De** ne point faire de grimaces, ni chanter à gorge deployée, ce qui est cause que ne pouvant soutenir le ton que l'on a commencé, l'on est forcé de baisser.

6° **De** ne point chanter la psalmodie trop bas, car alors quelques personnes étant obligées de chanter à l'octave forcent les chantres à baisser encore.

7° Lorsqu'il y a un repos à observer, de ne point partir seul en voulant faire paraître sa voix avec éclat et en ne donnant point le temps de respirer à son voisin. Il est aussi ridicule de finir après les autres, ce qu'on appelle en terme de chantres, faire des queues.

8 De ne point hacher, saccader les notes.

Il faut lier ce mot de manière que l'on entende la lettre *O* prononcée une seule fois, ou légèrement.

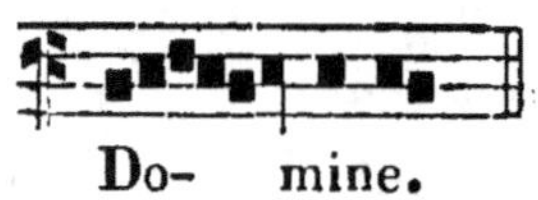

9e De ne point changer la nature de la syllabe.

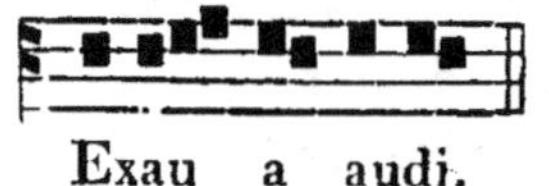

10° Si l'on est plusieurs à chanter, de bien prononcer ensemble les syllabes ou mots sans affectation, comme dans les mots *dignum et justum est, alma,* ne pas chanter, *diguenum* (repos) *met-justum est, allema,* etc.

11° Former les mêmes repos, de manière qu'on ait l'air de n'être qu'un.

Il y a des personnes qui affectent de prononcer le mot *sint* comme en français *sinete.* Il faut le prononcer comme dans le latin *manducent.* La syllabe *in* seule, doit se prononcer comme en français *ine,* de même dans les mots suivans, *i-nnocens, i-nebriavit, i-nhabitavit*, *i-mmolabo*, en appuyant un peu sur l'*i*. Dans les suivans, comme s'il y avait *ein* ou *ain*, *invocabo*, *imperium*, etc.

DES BARRES.

La demi-barre sert à séparer chaque mot.

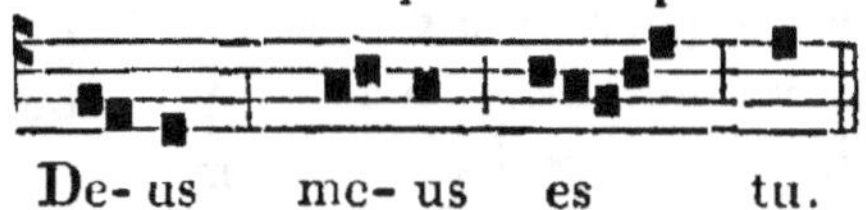

La barre simple se met après les notes suivies d'un point. Elle sert aussi à marquer chaque vers dans les hymnes ou proses ; si elles sont mesurées , on la met à chaque mesure.

BARRES SIMPLES.

Les deux barres se mettent après chaque intonation, à la fin de chaque pièce , et servent à séparer ce qui doit se chanter à deux chœurs.

BARRES DOUBLES.

On trouve dans les offertoires et communions deux barres. Ces deux barres indiquent où le second chœur doit prendre. Ces morceaux étaient chantés autrefois à deux chœurs, ce qui ne se pratique plus que dans quelques endroits ; c'est pourquoi il ne faut pas trop affecter d'y rester.

DE L'ASTÉRISQUE.

L'astérisque * se met dans les versets des psaumes pour indiquer le repos de la médiante , et les séparer en deux parties. Il se met aussi dans le cours d'un répons, pour avertir qu'après le verset ou le *Gloria Pa-tri*, on doit reprendre à ce signe.

Si la première partie du répons est coupée en trois, au lieu de reprendre à l'astérisque, on met une croix † ou autre signe, pour indiquer qu'après le *Gloria Patri* on doit reprendre à ce nouveau signe.

Dans les répons, avant l'astérisque, on rencontre quelquefois des monosyllabes comme, *et, sed,* ce qui est mauvais.

Au premier répons de matines du jour de la Pentecôte, le chœur devrait faire son repos après *Domino,* et l'orgue prendre au mot *et*; de même après ceux-ci, *cœlo, mea,* dans les 1er et 5e répons de l'Assomption.

DE LA TRANSPOSITION POUR CEUX QUI JOUENT DU SERPENT.

Le serpent fut inventé en 1690 par un chanoine d'Auxerre, nommé Edme-Guillaume.

Cet instrument est fait pour donner le ton et soutenir le chœur. On se servait auparavant dans quelques églises d'un instrument nommé diapazon ou tenarion.

(espèce de petite flûte dans laquelle il y a un piston sur lequel sont marquées les notes de la gamme et que l'on allonge ou raccourcit suivant la note que l'on veut obtenir) ou d'un morceau d'acier composé de deux branches appelé aussi *diapazon* ou *amila*, d'une petite *clochette* ou d'un *tuyau d'orgue*.

On entend par transposition, changer les notes par le moyen d'une nouvelle clé, ce qui est très-nécessaire aux serpentistes, car il n'y a guère que dans le second ton où ils jouent le plain-chant tel qu'il est écrit.

Il y a beaucoup de serpentistes qui ne connaissent pas cette manière ; ceux là sont sujets à faire de fausses intonations.

Le serpentiste doit s'assurer d'avance du ton ou de la finale de la pièce que l'on joue ou que l'on chante.

DU PREMIER TON.

Dans le 1er ton qui est du mode mineur, la finale est *ré ;* ce ton s'écrit ordinairement sur la clé d'*ut* quatrième ligne, avec ou sans bémol.

Le serpentiste donnera sur la finale *si, ut* ou *re*, ce sont à peu près les notes que l'on donne, car elles sont favorables pour l'instrument. Au reste, il se conformera à l'usage des chantres de son église.

1° S'il donne la note *si*, il supposera deux dièzes, *fa* et *ut*, à la clé, et jouera en *si* mineur avec la clé de *fa* troisième ligne.

2° S'il donne la note *ut*, il supposera trois bémols, *si mi la*, à la clé, et jouera en *ut* mineur avec la clé d'*ut* première ligne.

3° S'il donne un *re*, il jouera tel que c'est écrit, mais ce dernier se trouve un peu haut.

Le 1er ton peut aussi s'écrire avec la clé d'*ut* 2e ligne. Le serpentiste fera la même opération.

Dans les Psaumes ou Cantiques chantés en faux-bourdon, le serpent donnera le *la* pour dominante, et le *sol* s'il n'y a pas de faux bourdon.

Dans le faux-bourdon des 3e et 8e tons, on donne ordinairement *ut* pour dominante ; cela étant trop haut pour le chœur, on ferait bien de les baisser d'une tierce. Au reste, il faut suivre les usages reçus dans chaque église.

Le serpentiste en jouant les faux-bourdons doit suivre exactement les mêmes syllabes et mots que prononcent les chantres.

Dans les processions extérieures, il faut jouer lentement en marchant, faire une suite de notes qui forme une phrase, ou un membre de phrase convenable. On fait une pause de quelques pas, puis l'on continue.

Si on ne sort point de l'église, on joue de même gravement, mais de suite. Il faut s'arranger de manière à finir la pièce de chant, lorsque le célébrant arrive à la station pour dire l'oraison.

(Nota.) Quelques serpentistes mettent tout leur talent à faire de gros *re*, de gros *la* et des fusées continuelles sur l'accord parfait de *re* majeur. Cela peut plaire à quelques-uns, mais à coup sûr, le bon goût le réprouve, surtout s'il n'y a point un second serpent pour soutenir le chant.

Je conseillerai aux personnes qui veulent les imiter, de jouer le plain-chant tel qu'il est écrit, en faisant des sons ronds et égaux sur toutes les notes. Le

serpent est fait pour soutenir le chœur et non pour
l'écraser.

Tout dépend d'une bonne intonation , car c'est
là ou les choristes et les serpentistes échouent; surtout
de ne point prendre un mode majeur pour un mode
mineur.

Si le ton de la pièce n'a pas été donné par le serpent, que les choristes aient baissé ou haussé, le serpent doit saisir le ton de la note que l'on vient de chanter, afin de ne point faire disparate , et enchaîner la
psalmodie à l'Antienne ou autre pièce, ce qui l'expose
souvent à jouer dans des tons peu favorables pour la
plénitude des sons.

Enfin, si pourtant après un Psaume chanté en faux-
bourdon , une Antienne se trouvait trop haute ; le serpent attaquera *subito* et fortement la note convenable,
afin d'avertir les chantres de se mettre à l'unisson avec
lui.

2ᵉ TON.

Le 2ᵉ ton est du mode mineur, sa finale est *re*. Il
s'écrit ordinairement sur la clé de *fa* troisième ligne ,
quelquefois sur la clé d'*ut* 3ᵉ et 4ᵉ lignes.

Le serpentiste donnera *re* ou *mi*.

1° S'il donne *re*, il supposera un bémol, *si*, à la clé
de *fa* troisième ligne , et jouera en *re* mineur tel que
le plain-chant est écrit. Il n'est point d'usage de mettre
le bémol à la clé.

2.° S'il donne *mi*, il supposera un dièze, *fa*, à la clé
d'*ut* première ligne, et jouera en *mi* mineur. (*Voyez*
le *Kyrie* transposé à la quarte supérieure.)

3ᵉ TON.

Dans le 3ᵉ ton, la finale est *mi*. Ce mode est mineur dit inverse, il s'écrit sur la clé d'*ut* quatrième ligne.

Le serpentiste donnera *si, ut* ♯ ou *re*.

1° S'il donne *si*, il supposera un dièze, *fa*, à la clé d'*ut* deuxième ligne.

2° S'il donne *ut* ♯, il supposera trois dièzes, *fa* ♯, *ut* ♯, *sol* ♯, à la clé de *fa* troisième ligne.

3° S'il donne *re*, il supposera deux bémols à la clé d'*ut* première ligne.

4ᵉ TON.

Le quatrième ton finit par *mi*, le mode est mineur inverse comme le précédent. Il s'écrit sur la clé d'*ut* quatrième ligne.

Le serpentiste donnera *ut* ♯ ou *re*.

1° S'il donne *ut* ♯, il supposera trois dièzes, *fa ut sol*, à la clé de *fa* troisième ligne.

2° S'il donne *re*, il supposera deux bémols, *si mi*, à la clé d'*ut* première ligne.

Ce ton se transpose dans le plain-chant à la quarte et à la quinte supérieure. (*Voyez les exemples.*)

5ᵉ TON.

Le cinquième ton finit par *fa*, il est du mode majeur. Il s'écrit sur la clé d'*ut* troisième ligne, avec ou sans bémol à la clé.

Le serpentiste donnera *si* ♮ ou *ut*.

1° S'il donne *si* ♮, il supposera deux bémols, *si mi*, et jouera en *si* ♮ majeur à la clé de *fa* troisième ligne.

2.º S'il donne *ut,* il jouera dans le ton d'*ut* majeur sur la clé d'*ut* première ligne, sans aucun signe.

6ᵉ TON.

Le sixième ton finit par *fa,* il est du mode majeur, il s'écrit sur la clé d'*ut* quatrième ligne, avec ou sans bémol ; quelquefois sur la clé d'*ut* deuxième ligne.

Le serpentiste donnera *ut* ou *re.*

1° S'il donne *ut,* il jouera en *ut* naturel majeur à la clé d'*ut* deuxième ligne.

2.º S'il donne *re,* ce qui est le plus ordinaire, il supposera deux dièzes, *fa ut,* à la clé, et jouera en *re* majeur avec la clé de *fa* troisième ligne.

7ᵉ TON.

Le septième ton finit par *sol,* il est du mode majeur ; il s'écrit sur la clé d'*ut* troisième ligne.

Le serpentiste donnera *ut* naturel ou *si* ♭.

1° S'il donne *ut,* il jouera en *ut* majeur avec le *si* ♭ à la clé de *fa* troisième ligne.

(NOTA.) Ce ton n'est point le même qu'en musique. La septième est toujours mineure.

2° S'il donne *si* ♭, il jouera en *si* ♭ majeur avec trois bémols à la clé d'*ut* seconde ligne.

8ᵉ TON.

Le huitième ton finit par *sol,* il est du mode majeur. Il s'écrit sur la clé d'*ut* quatrième ligne, quelquefois sur la clé d'*ut* troisième ligne. Le serpentiste donnera *re.* Il supposera un *fa* dièze à la clé d'*ut* deuxième ligne, et jouera en *re* majeur avec l'*ut* naturel.

Voyez le nota ci-dessus.

DE LA TRANSPOSITION POUR LES ENFANS DE CHŒUR.

Les enfans de chœur qui apprennent la musique font ordinairement usage de la clé de *sol* deuxième ligne. En supposant toutes les notes du plain-chant sur celle de *sol* qui devient première ligne, attendu que dans le plain-chant il n'y a que quatre lignes, ils apprendront la musique et le plain-chant en même temps, et ils garderont toujours le même diapazon.

1er TON.

Les enfans supposeront deux bémols, *si mi*, à la clé, et chanteront en *sol* mineur sans *fa* dièze.

2e TON.

Ils supposeront deux dièzes, *fa ut*, à la clé, et chanteront en *si* mineur sans *la* dièze. On fait quelquefois le *sol* dièze.

3e TON.

Ils supposeront un bémol, *si,* à la clé, et chanteront en *fa* majeur.

4e TON.

Ils supposeront un bémol, *si,* à la clé, et chanteront en *re* mineur sans note sensible. Ces deux modes sont mixtes ou indéterminés.

5e TON.

Ils supposeront un dièze, *fa,* à la clé, et chanteront en *sol* majeur. Dans ce ton on fait souvent l'*ut* dièze ou l'*ut* naturel.

6ᵉ TON.

Ils supposeront deux bémols, *si mi,* à la clé, et chanteront en *si* ♮ majeur.

7ᵉ TON.

Ils supposeront deux dièzes, *fa ut,* à la clé, et chanteront en *la* majeur, avec le *sol* naturel.

8ᵉ TON.

Ils supposeront un bémol, *si,* à la clé, et chanteront en *ut* majeur avec le *si* bémol. *Voyez la remarque ci-devant à la transposition du serpent.*

DE L'ORGUE.

On attribue l'invention de l'Orgue à Archimède , qui vivait 200 ans avant Jésus-Christ , ou à des Arabes Sarrazins (1). On faisait mouvoir les soufflets au moyen d'une machine hydraulique. Les Orgues à soufflets sont de l'invention des Grecs.

Le premier Orgue que l'on eut en France fut envoyé par Constantin Copronyme , Empereur d'Orient , au roi Pépin , étant alors à Compiègne ; il le fit transporter à l'Eglise de S. Corneille de ladite ville. On en fit usage pour la première fois le 10 avril 755. Cet Orgue qui n'avait que deux octaves servit de modèle à toutes celles qui ont été faites depuis. — Aux 12ᵉ et

(1) Charles Texier a dessiné les obélisques de Constantinople et retrouvé dans l'un deux , érigé par Théodose , l'orgue à soufflet qu'on croyoit d'invention arabe et qui n'a paru dans l'Occident qu'au temps de Charlemagne. (*Journal des Débats,* 13 décembre 1834.)

13e siècles, il avait trois octaves ; au 16e siècle quatre octaves et deux claviers ; enfin de nos jours on voit des Orgues à cinq, six octaves, quatre ou cinq claviers et même plus.

Les pédales sont de l'invention d'un nommé Bernhard, en 1480.

FAUX-BOURDONS POUR L'ORGANISTE.

Pour les Cantiques, *Magnificat*, *Nunc dimittis*, *Benedictus*, l'Organiste donnera le *la* pour dominante les jours solennels, et le *sol* pour les jours moins fériés. Il fera en sorte de bien décider le ton, de jouer même s'il le faut le chant en octave seulement, ou de faire la basse telle qu'elle se chante au chœur, afin que les chantres puissent saisir le ton.

Les 3e et 8e tons, dont la dominante est *ut*, sont trop hauts; on fera bien de les baisser d'une tierce, c'est-à-dire, de mettre la dominante *ut* sur le *la*. Au reste on suivra l'usage reçu dans son Eglise. *Voyez ci-après le faux-bourdon.*

GAMME D'*UT* MAJEUR OU DE L'IONIEN.

Tous les intervalles sont tirés d'après la gamme naturelle d'*Ut* majeur. Il en est quelquefois d'un peu durs, tels sont ceux marqués par ce signe * ; mais il faut s'y habituer, c'est le défaut de notre système musical.

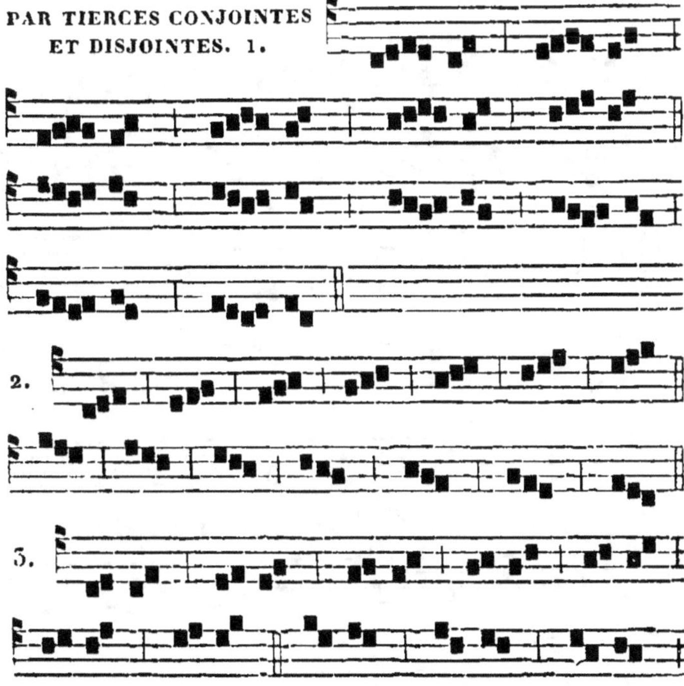

PAR QUARTES.
N° 1.
finale.
2.
finale.
3.
Même leçon ou la quarte majeure est évitée.
4.

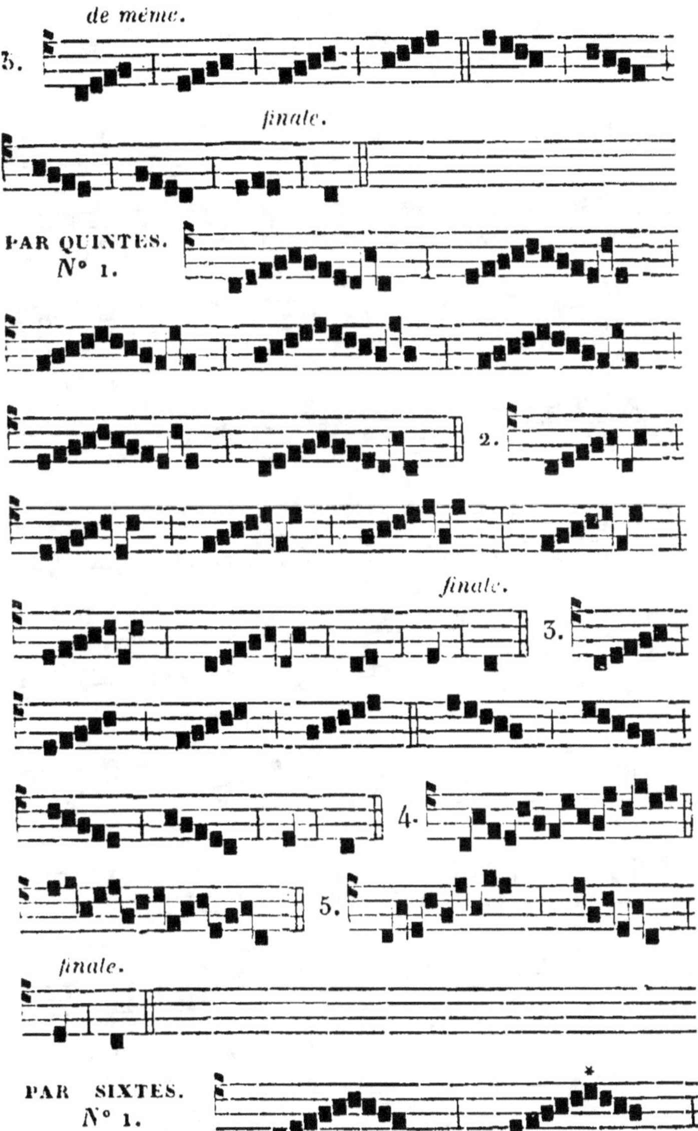
de même.
3.
finale.
PAR QUINTES.
N° 1.
2.
finale.
3.
4.
5.
finale.
PAR SIXTES.
N° 1.

2.
3.
finale.
4.
Inusité.
Toléré.
PAR SEPTIÈMES.
Inusité.
Inusité.
Toléré.
Inusité.
Passage.
Gamme d'Ut majeur.
Id. de Re mineur.
PAR OCTAVES.
N. 1.

Gamme de Mi mineur dite inverse.

1. La tierce majeure est composée de deux tons.

2. La tierce majeure directe est composée d'un ton et d'un demi-ton.

3. La tierce mineure indirecte est composée d'un demi-ton et d'un ton.

INTERVALLES PAR QUARTES JUSTES DITES MINEURES, COMPOSÉES DE DEUX TONS ET DEMI.

QUARTES MAJEURES DITES TRITONS, COMPOSÉES DE TROIS TONS.

Ces intervalles s'emploient rarement.

GAMMES DANS DIFFÉRENS TONS.

Il ne faut point se borner exclusivement à la gamme d'Ut.

7ᶜ Ton. Nº 1.

Observez qu'il y a un ton de la 7ᵉ à la 8ᵉ note.

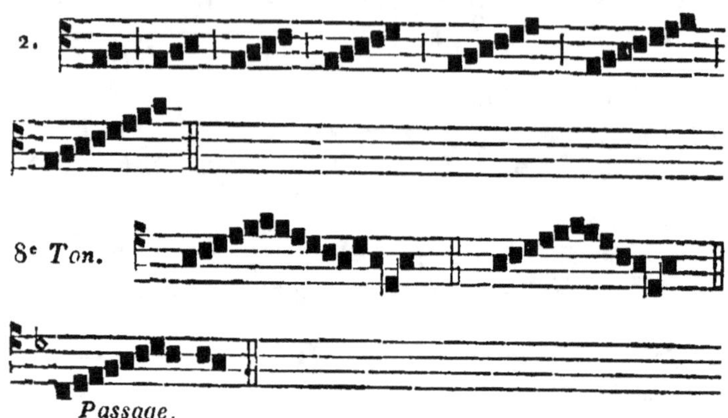

2.

8ᵉ Ton.

Passage.

GAMME MINEURE CORRESPONDANT A CELLE DU PREMIER TON AVEC LE *SI* BÉMOL A LA CLÉ.

9ᵉ Ton en la.

GAMME MINEURE CORRESPONDANT A CELLE DU 2ᵉ TON.

10ᵉ Ton.

GAMME MAJEURE CORRESPONDANT A CELLE DU 5ᵉ TON
AVEC LE BEMOL A LA CLÉ.

GAMME MAJEURE CORRESPONDANT A CELLE DU 6ᵉ TON.

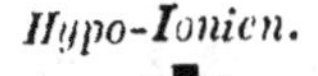

De la 7ᵉ à la 8ᵉ note il y a un ton.

* On ne rencontre point de dièze dans l'ancien
Plain-Chant.

De la 7ᵉ à la 8ᵉ note il y a un ton.

Il y a un demi-ton de la 1re à la 2e note.
Hypo-Phrygien.
4° Ton.
EXEMPLES DANS LESQUELS SE TROUVENT LES TROIS
SIGNES ALTÉRATIFS, le Dièze, le Bémol, et le Béquarre.
L'usage du Dièze est moderne.
1er Ton.
DORIEN.
Autre finale.
Du 3e Dimanche repris après l'Epiphanie.
Alleluia, Mardi de Pâques.
Tene- brarum.
Redempti- o- nem
2e Ton.
HYPO-DORIEN.
Autre finale.

3ᵉ KYRIE DES DOUBLES-MINEURS TRANSPOSÉ A LA QUARTE AU-DESSUS.

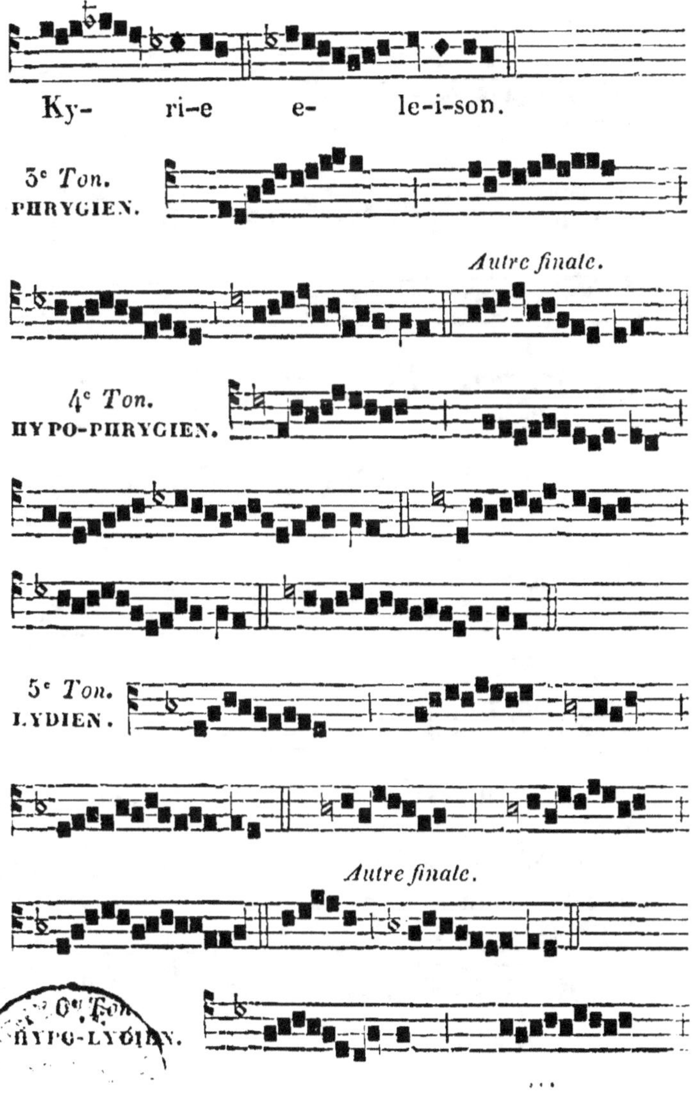

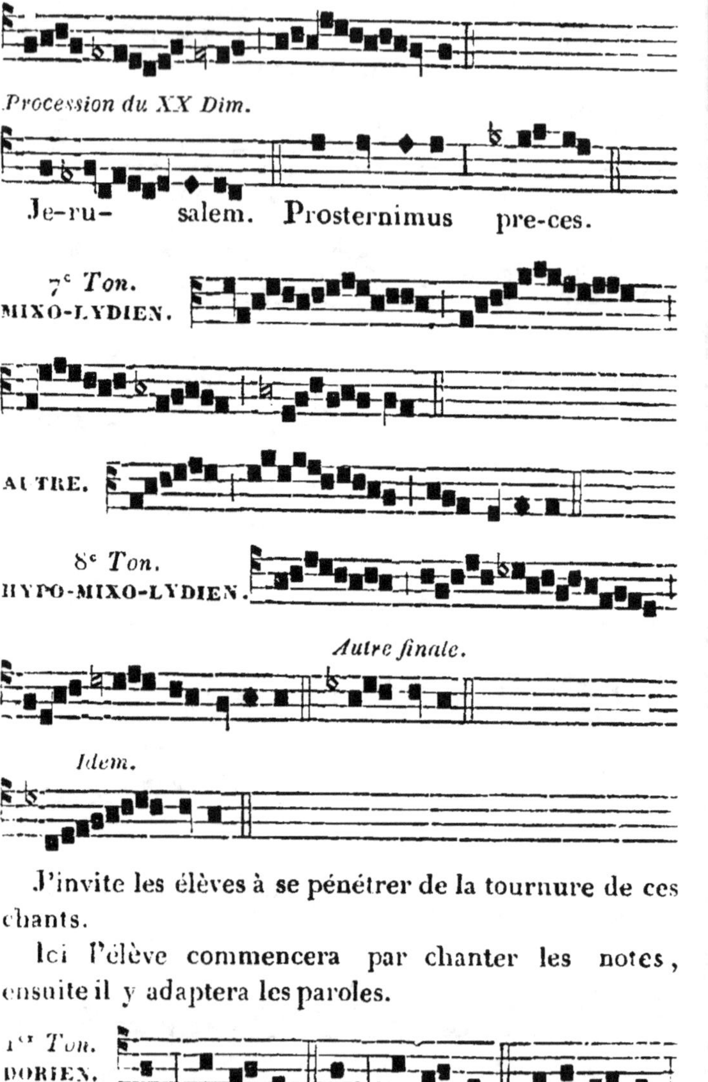

J'invite les élèves à se pénétrer de la tournure de ces chants.

Ici l'élève commencera par chanter les notes, ensuite il y adaptera les paroles.

IVe Samedi repris après l'Epiphanie.

2e Ton.
HYPO-DORIEN.

ut   Christum
lucri- faci—am.
XXᵉ Samedi après la Pentecôte.
3ᵉ Ton. PHRYGIEN.
Eze-chi-el
vi- dit   conspectum   glo- ri-æ
quam ostendit   illi
De- us   in
cur—ru   Cherubim.
Des Dimanches ordinaires.
4ᵉ Ton. HYPO-PHRYGIEN.
Fide— li-a
omni-a   mandata   e-jus,

confirma- ta   in
se-culum   se- cu-li.
Le Ve Samedi.
5e Ton en C. LYDIEN.
Chris- tus   Je- sus
dedit   Redempti- o-nem
semetipsum   pro
omnibus,   testimo-ni-um
tempo-ribus   su-is.
Le VIe Samedi.
6e Ton. HYPO-LYDIEN.
Jesus   Christus
he- ri   et ho- di-e;

ip-se
et in
se- cula.
Le XXIe Samedi.
7e Ton.
MIXO-LYDIEN.
A-na- ni-as
et Azari- as
et
Mi- za-el
creden-tes
libera - ti
sunt
de flam- ma :
Dani-el
in su-a
simpli-ci-tate
libe-ra- tus
est
de o- re
le-onum.

Des Dimanches après la Circoncision, à Vêpres.

LES MÊMES ANTIENNES SANS NOMMER LES NOTES.

de omnibus lo-cis su-is, ut addu-cerent
e-os et fa-ce-rent dedica-ti-o-nem et
læti- ti-am in acti-o-ne gra-ti-a- rum.
2ᵉ Ton.
Omni-a detrimentum feci, et arbi-
tror ut ster-cora, ut Christum lucri-faci-am.
3ᵉ Ton.
Eze- chi-el vi-dit conspectum glo-
ri-æ, quam ostendit illi De- us in cur-
ru Cherubim.
4ᵉ Ton.
Fide- li-a omni-a mandata e-jus,
confirma-ta in se-culum se-cu-li.

5ᵉ *Ton.*

6ᵉ *Ton.*

Le XXᵉ Samedi.

7ᵉ *Ton.*

8ᵉ *Ton.*

DES MODES TRANSPOSÉS OU AVEC CHANGEMENS DE CLÉ.

Du 2e Dimanche après Pâques.

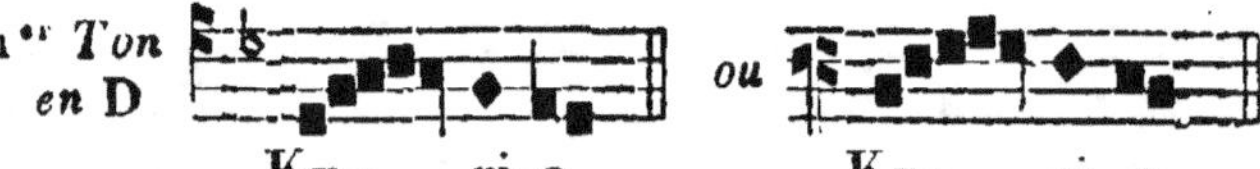

On peut l'écrire comme ci-après.

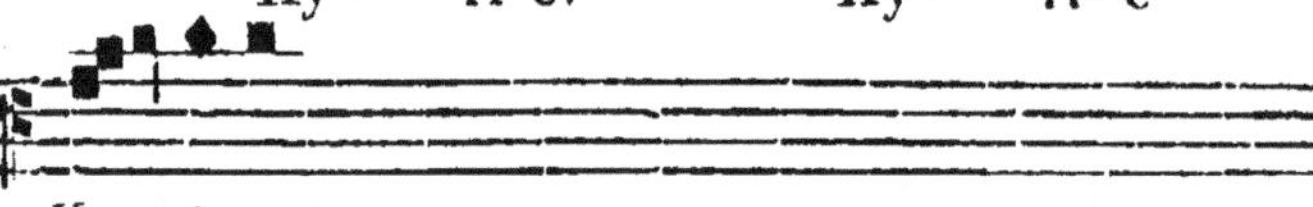

Dans ce dernier la notation est un peu élevée.

Procession du XVIe Dimanche après la Pentecôte.

Si l'on écrivait ce ℟. en entier, à la clé d'*ut* quatrième ligne, il serait également mixte, parce qu'il participe du premier et du deuxième tons.

mus Domino.

PSAUME.

In exitu Isra-el de Egypto, domûs

Jacob de populo barbaro.

GRADUEL DE LA MESSE DE MINUIT TRANSPOSÉ A LA QUINTE AU-DESSUS DE L'HYPO-DORIEN.

2 *en* A.
HYPO-EOLIEN.

Tecum prin-ci- pi-um, etc. in splen-

do-ribus sancto- rum, etc. ge- nu-i

te. ℣. Cu-i De- us di- xit, etc. Fi-

li-us me-us es tu, etc.

On pourrait l'écrire à la clé
de fa troisième ligne.

Tecum.

KYRIE DES DOUBLE-MINEURS, TRANSPOSÉ UNE QUARTE
AU-DESSUS DE L'HYPO-DORIEN.

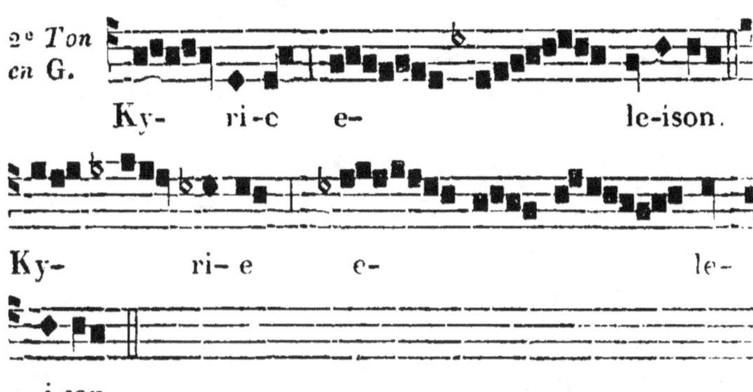

OFFERTOIRE DU 2 EN A. C'EST LE 8e TON OU HYPO-
DORIEN, TRANSPOSÉ EN HYPO-EOLIEN UNE QUINTE
PLUS HAUT.

OFFERTOIRE. 2e *Ton* en **A.** HYPO-DORIEN, TRANSPOSÉ
UNE QUINTE AU-DESSUS.

Ve Dimanche repris après l'Epiphanie.

Ce ton pourrait s'écrire à la clé de fa quatrième ligne.

4e *Ton* en **E.**
Extrait du Romain.
HYPO-PHRYGIEN.

Guidon.

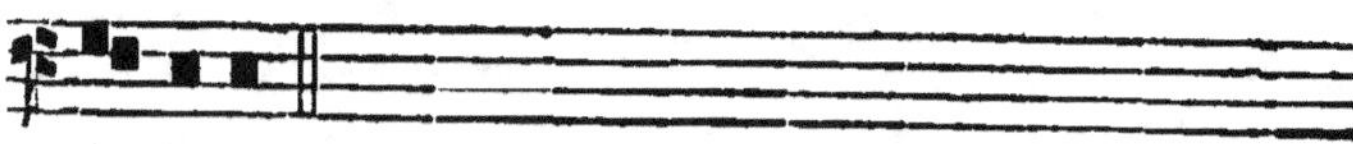

cumque ce-lebrant tu-am sanctam commemora-

ti- onem.

On peut l'écrire avec la clé d'ut qua-
trième ligne, c'est la même chose.

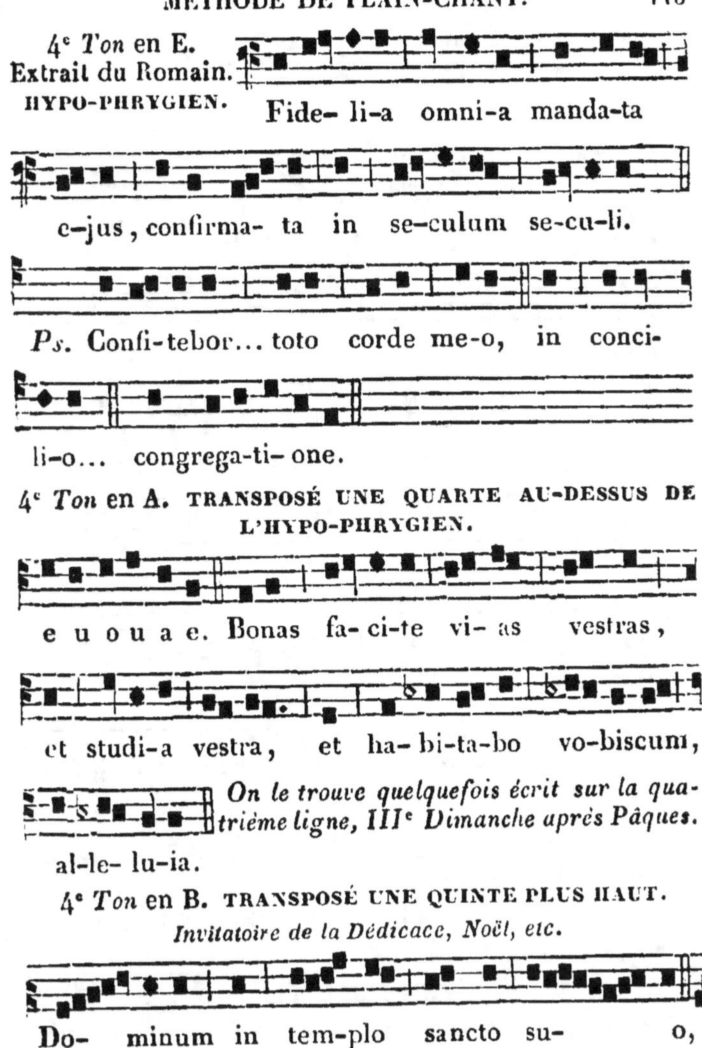

On le trouve quelquefois écrit sur la quatrième ligne, IIIe Dimanche après Pâques.

On pourrait l'écrire à la clé de fa deuxième ligne.

Ou à la clé d'ut quatrième ligne.

Ce ton peut se transposer une quinte plus haut ou une quarte plus bas.

Ce ton ne se transpose pas.

6ᵉ Ton en C.
HYPO-LYDIEN.
Fi-li- a Si- on oppressa est ama-
ri- tudine, et egressus est omnis decor
ejus.
C'est un 6ᵉ ton transposé
à la quinte au-dessus.
Fi-li–a Si- on
Alleluia de la Circonsision avec changement de clé.
7ᵉ Ton. Romain.
MIXO-LYDIEN.
Al- le- lu- ia.
℣. Mul-
Guidon.
ti- fa- ri-e o- lim
De- us loquens pa-tribus
Guidon.
in prophe- tis... is- tis. Lo- cu-
Guidon.
Guidon.
tus est, etc.

Dans les grandes notes obliques il n'y a que la première et
la dernière qui comptent.

Offertoire de l'Annonciation.

* Cette pièce est du genre mixte : on aurait pu l'écrire avec
la clé d'ut quatrième ligne, mais on a préféré celle ci-dessus ,
parce que les deux notes marquées d'une étoile auraient exigé
deux lignes additionelles.

8ᵉ Ton. Romain.
HYPO-MIXO-LYDIEN.

Dominum.

Cette pièce est entièrement du 8ᵉ ton , quoique le commencement soit sous la clé du 7ᵉ ton.

Graduel du 4ᵉ Dimanche du Carême.

PASSAGES DE QUELQUES TONS MIXTES.

Dans le Salve Regina.

Du 1ᵉʳ et du 2ᵉ Ton.

1er Ton.
O cle- mens.
GRADUEL DES INNOCENS.
Du 5e et du 6e Ton.
6e Ton.
Anima nos-tra.
GRADUEL DE SAINT ETIENNE.
5e Ton.
Adver- sùm me.
Sancto- rum.
TOUSSAINT.
6e Ton.
Inebri-abun- tur.
TOUSSAINT.
5e Ton.
Et torren-
PROSE DE LA FÊTE-DIEU.
Du 7e et du 8e Ton.
8e Ton.
Di-es e-nim solemnis agitur.
8e Ton.
Sumit unus, sumunt mil- le.

Du 5e et du 6e Ton.

6e *Ton.*
ROMAIN.

Guidon.

Guidon.

ABUS DES CADENCES FINALES.

1re *finale.* 2e

Alleluia.
1er *Ton.*

1re *finale.*

Autre.

Fin. in magnificentia.

VENI SANCTE SPIRITUS.

℣. *de l'Alleluia de la Pentecôte, (invocation pleine de feu)*
imité du chant de l'hymne O splendor.

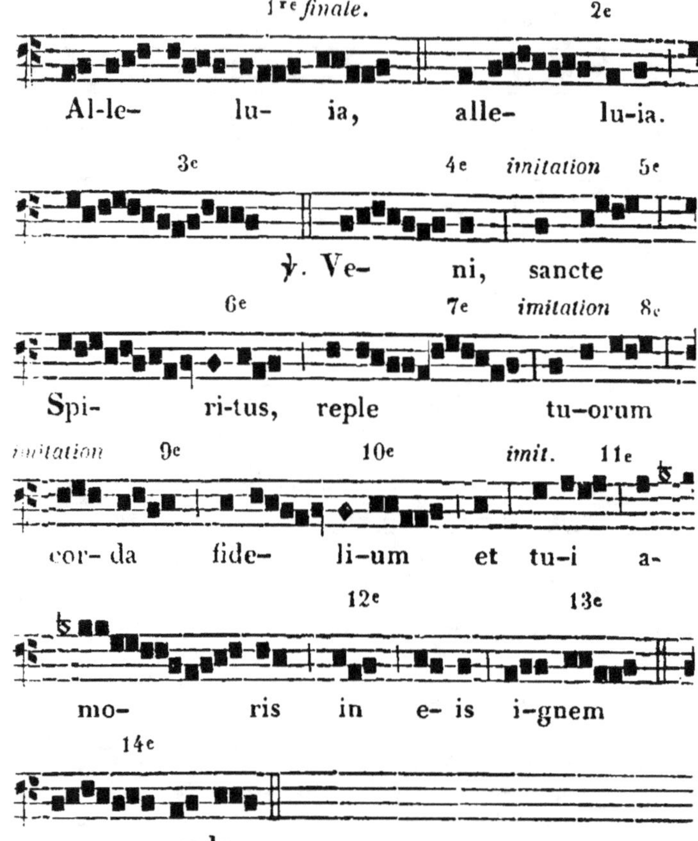

Presque toutes ces finales ou repos sont sur la note *re*, c'est cette similitude qui lui donne une espèce de monotonie.

ABUS DES NOTES DOUBLES.

Graduel du jour de Pâques.

Le chant romain est plus léger que le chant français.

TRANSPOSITIONS POUR LE SERPENT.

(Chants extraits des offices de la Semaine Sainte.)

chant écrit.

1er *Ton.*
EN *re* MINEUR.

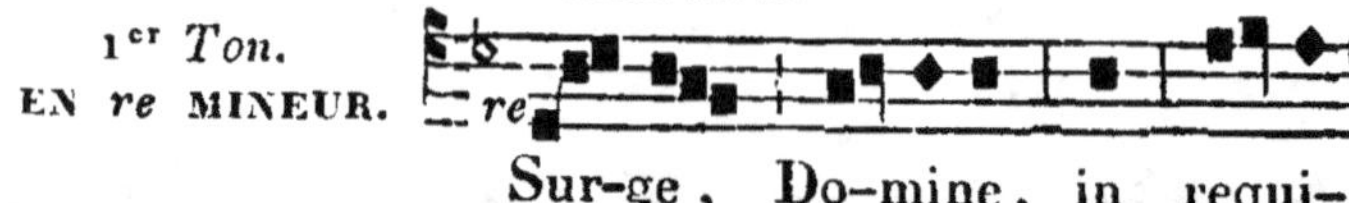

Sur-ge , Do-mine , in requi-

On peut se servir de la clé d'ut 2e ligne.

EN *si* MINEUR.

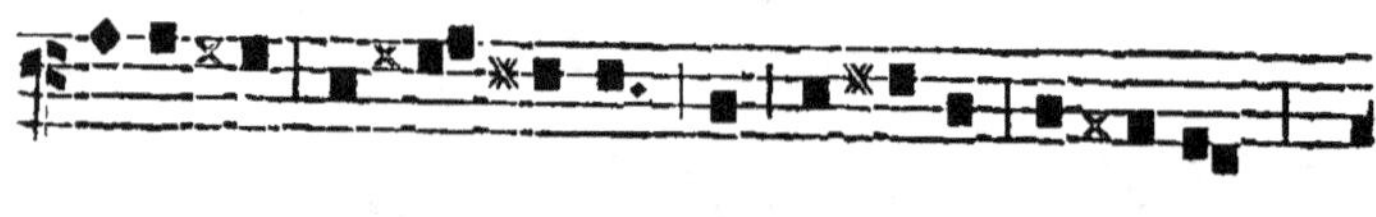

EN *ut* MINEUR.

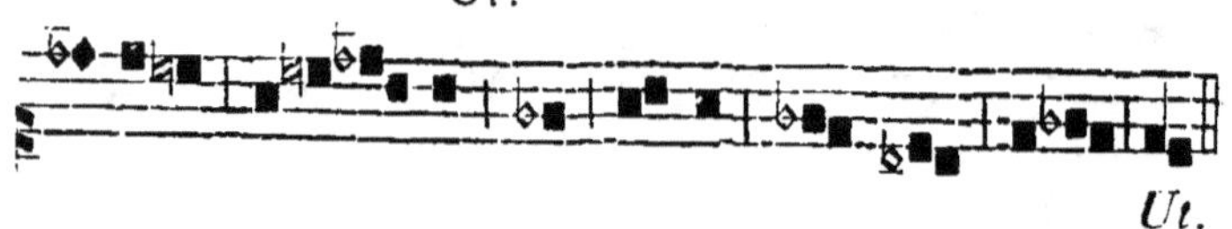

chant écrit.

5e *Ton.*

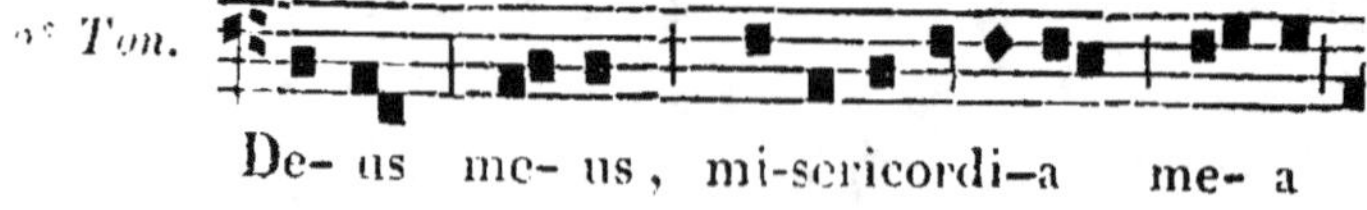

et susceptor me-us.
Serpent.
EN re MINEUR.
Ainsi de suite tel que
c'est écrit.
Serpent.
EN mi MINEUR.
Mi.
CHANT TRANSPOSÉ UNE QUARTE PLUS HAUT.
KYRIE DES DOUBLES-MINEURS.
Chant.
Ky- ri-e, e-   le- i-son.
Ky-   ri- e.
Serpent.
Re.
Re.
5e Ton.
Chant.
Do- mine, dabis pa- cem no-bis; omni-
a enim o-pera nostra opera- tus es

Mi.

nobis.

INVITATOIRE DE L'ANNONCIATION , TRANSPOSE UNE QUINTE PLUS HAUT.

TRANSPOSE UNE QUARTE AU-DESSUS.

E-go   ad Dominum aspi- ci-am : expectabo
De- um Salva-to- rem nostrum.
Serpent.
EN *sol* MINEUR, sans *fa* ♯.
Fa.
Re.
Le même à la clé d'ut *quatrième ligne, troisième Diman-*
che après Pâques.
5ᵉ *Ton en a.*
Chant.
Ipse   est pax nostra , solvens ini-
mi-ci-ti-as in   carne su- a, ut reconcili- et
De- o per cru-cem, alle-lu-ia.
Serpent.
EN *ut* MAJEUR.
Mi.

On peut jouer le 5e en C.
de même.
Ut.
ou en si
MAJEUR.
Re.
6e Ton.
Chant.
Fi-li-a Si- on oppres-sa est amari-
tudine et egressus est omnis decor
Ce ton peut s'écrire à la clé d'ut 4e ligne avec
un bémol, ou à la clé d'ut 2e ligne.
ejus.
Serpent.
EN ut MAJEUR.
Mi.
Ut.
Serpent.
EN re MAJEUR.
Fa.

C'est le ton le plus ordinaire.

Re.

Si.

7ᵉ *Ton.*
Chant.

Non con-ce-dit requi-escere spi-ritum

Sol.

me-um, et implet me ama-ri- tudinis.

Passage.

Serpent.
EN *ut* MAJEUR.

Mi.

Ut.

Passage.

Serpent.
EN *si* ♭ MAJEUR.

Re.

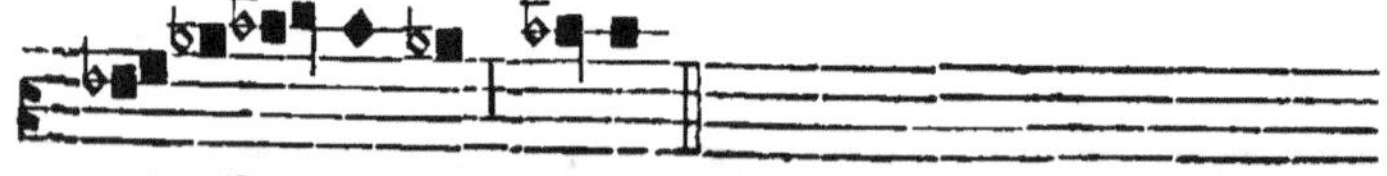

Passage.

TRANSPOSITION POUR LES ENFANS DE CHOEUR.

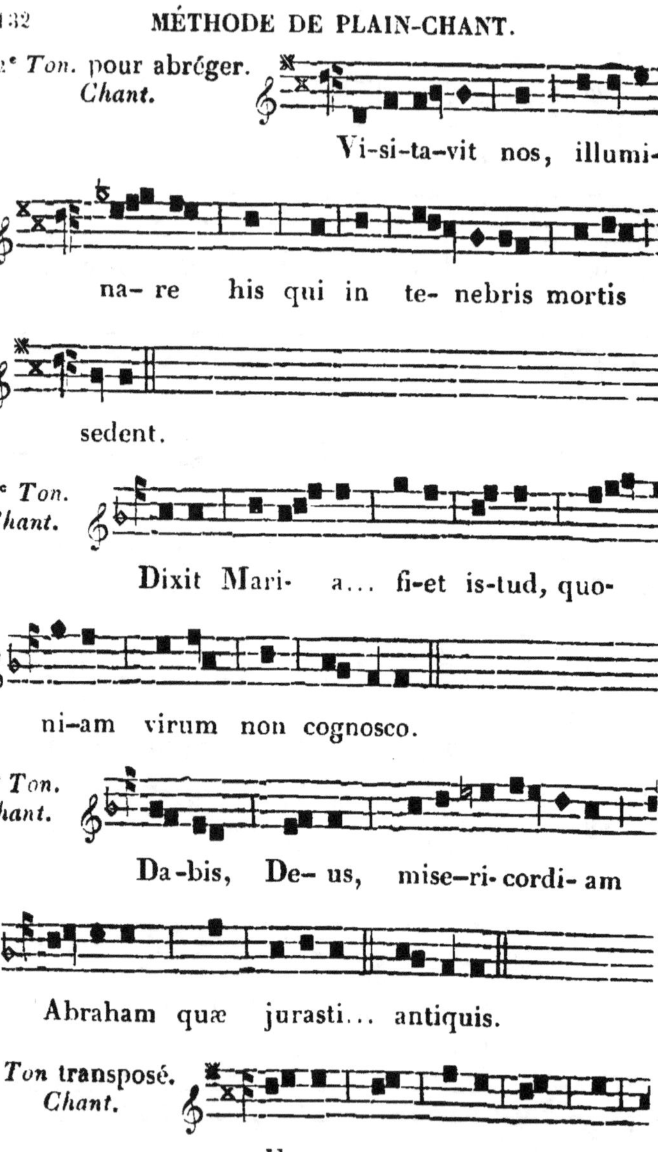
2e Ton. pour abréger.
Chant.
Vi-si-ta-vit nos, illumi-
na- re his qui in te- nebris mortis
sedent.
5e Ton.
Chant.
Dixit Mari- a... fi-et is-tud, quo-
ni-am virum non cognosco.
4e Ton.
Chant.
Da-bis, De- us, mise-ri- cordi- am
Abraham quæ jurasti... antiquis.
4e Ton transposé.
Chant.
E-ro mors tu-a , ô mors;

morsus tu- us ero, inferne.

1er Ton.
Chant.

Exaudi , Domine,   attende   et

fac , De- us me-us.

6° Ton.
Chant.

Lau- da , ve-   ni-o... tu-

. i,   a- it Do- minus.

7e Ton.
Chant.

Da testimo- ni-um... prædica- ti-

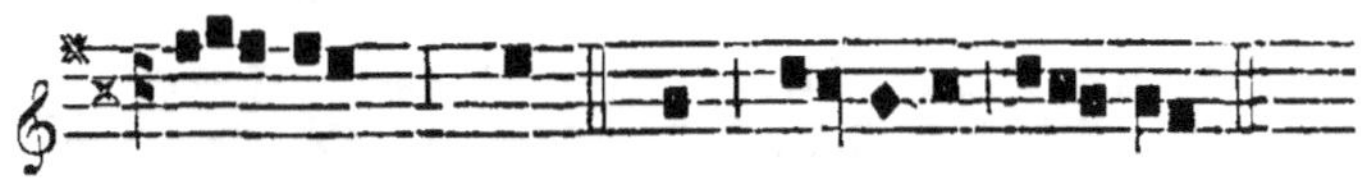

o-nem... quas... in no-mine tu- o.

8° Ton.
Chant.

Mis-sus est Ange-lus Gabri-el ad

Mari-am Virgi- nem desponsa—tam Joseph.
RÉPONS BREFS AVEC Alleluia POUR LES ENFANS.
De-us Rex noster operatus est salutem,
alle-lu- ia, alle-lu-ia.
Chœur, Deus.
℣. In
medi-o terræ.
Chœur, Alleluia.
Glori-a
Patri, et Fi-li- o, et Spiri-tu-i sancto.
Chœur. Deus.
Le même sans Alleluia.
De- us Rex noster
Opera-
tus est sa-lu- tem.
Chœur, Deus.
℣. In
me-di-o terræ.
Chœur, Operatus est.
Glori-a

Le même ℣ avec un monosyllabe à la fin.

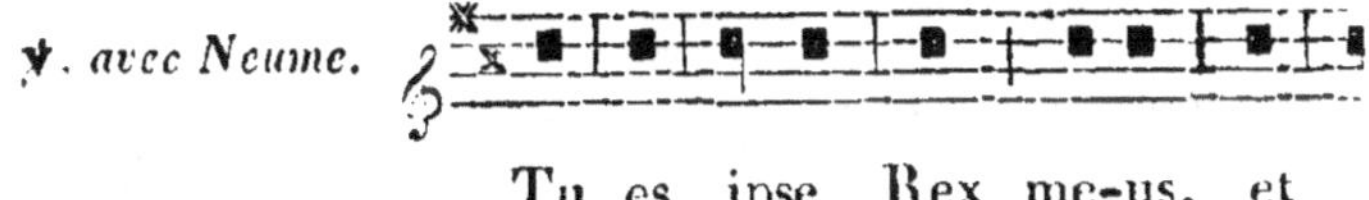

℣. avec Neume.

Neume.

℣. des Ténèbres.

Autre.

℣. des Matines des Morts.

PIÈCES DE CHANT EXTRAITES DES OFFICES DE LA SEMAINE SAINTE.

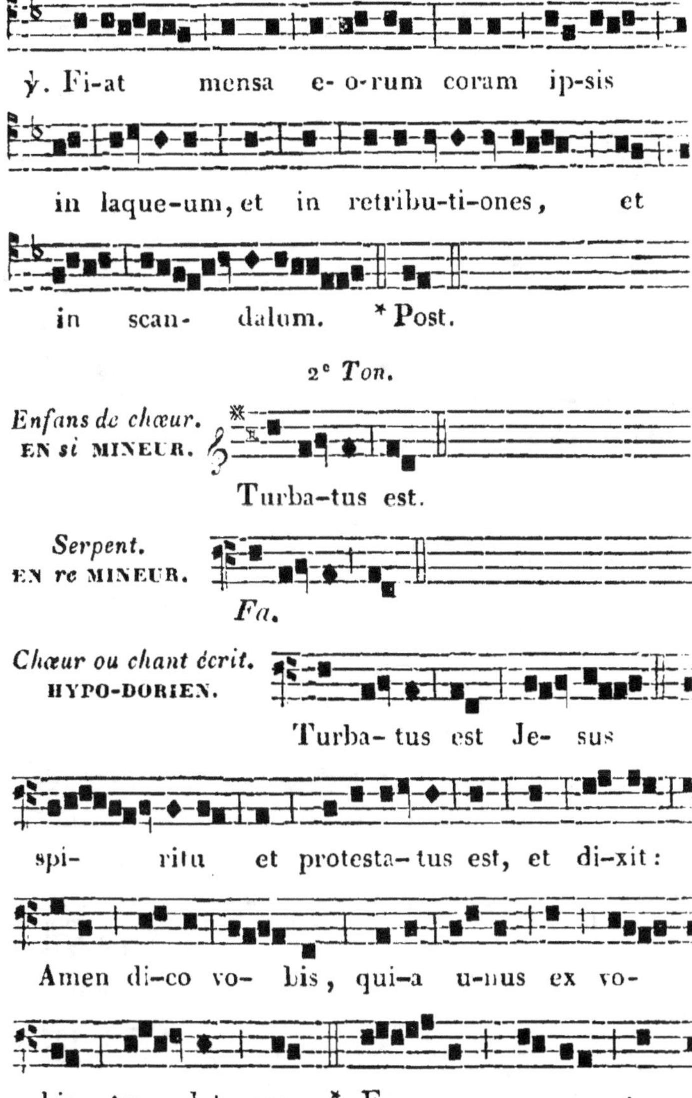
℣. Fi-at   mensa e- o-rum coram ip-sis
in laque-um, et   in   retribu-ti-ones,   et
in   scan-   dalum.   * Post.
2ᵉ Ton.
Enfans de chœur.
EN si MINEUR.
Turba-tus est.
Serpent.
EN re MINEUR.
Fa.
Chœur ou chant écrit.
HYPO-DORIEN.
Turba- tus est Je- sus
spi-   ritu   et protesta-tus est, et di-xit:
Amen di-co vo- bis, qui-a u-nus ex vo-
bis tra- det me. * Ec- ce ma-nus tra-
...

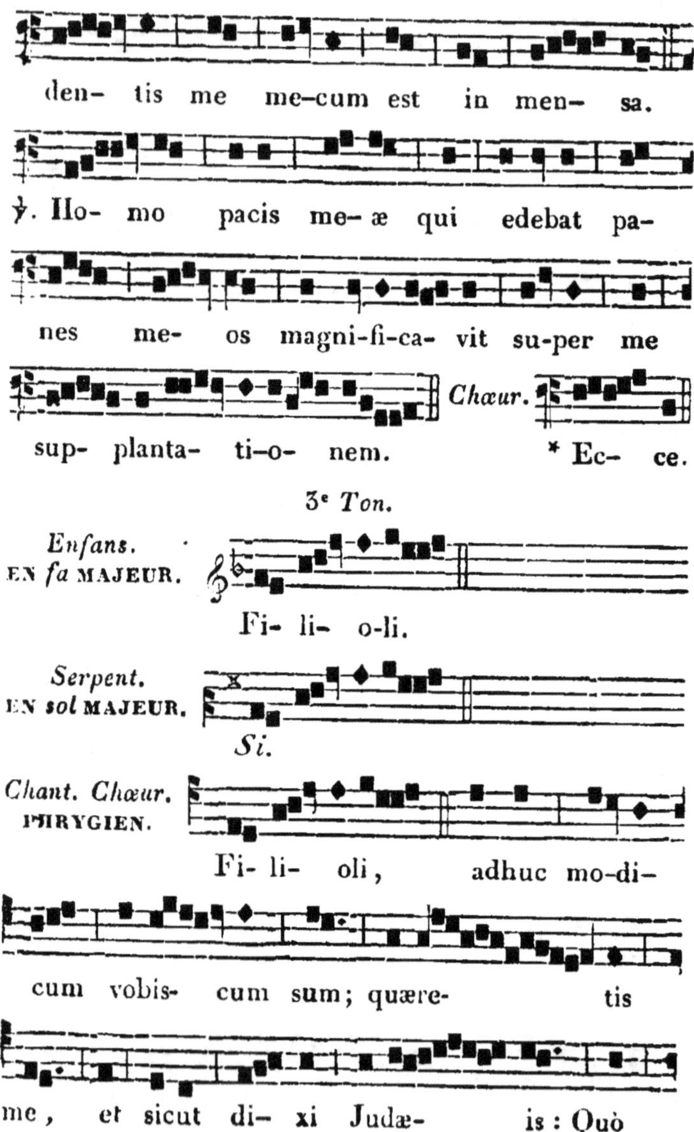
den- tis me me-cum est in men- sa.
℣. Ho- mo pacis me- æ qui edebat pa-
nes me- os magni-fi-ca- vit su-per me
Chœur.
sup- planta- ti-o- nem. * Ec- ce.
3e Ton.
Enfans.
EN fa MAJEUR.
Fi- li- o-li.
Serpent.
EN sol MAJEUR.
Si.
Chant. Chœur.
PHRYGIEN.
Fi- li- oli, adhuc mo-di-
cum vobis- cum sum; quære- tis
me, et sicut di- xi Judæ- is : Quò

ego va-do, vos non potestis veni- re.
* Mandatum no-vum do vo-bis : ut di-li-
ga-tis in- vicem, sicut di-le- xi vos.
℣. Custo-di- te præcepta me-a, et
faci-te e- a : ego Do-minus qui sanc-
ti- fico vos. * Mandatum.
4ᵉ Ton.
Enfans.
EN re MINEUR.
Pa-ter.
Serpent.
EN fa ♯ MINEUR.
Ut ♯.
OU EN sol MINEUR.
Re.

* Et pro.

5ᵉ *Ton sans le si ♭ à la clé.*

Enfans.
EN *sol* MAJEUR.

Serpent.
EN ut MAJEUR.
Ut.
OU EN si ♮ MAJEUR.
Si ♮.
Chant.
LYDIEN.
Accep-to Je- sus ca- lice, gra-
ti-as a-gens de-dit e- is; et bibe- runt
ex il-lo om- nes. * Et a- it Je-
sus : Hic est sanguis me- us no-vi tes-
ta- men- ti, qui pro mul-tis ef-fun-de-
tur. ℣. Mo-yses sumptum sanguinem resper-
sit in po-pulum, et a- it : Hic est sanguis
fœ-deris quod pepigit Dominus vo- bis-

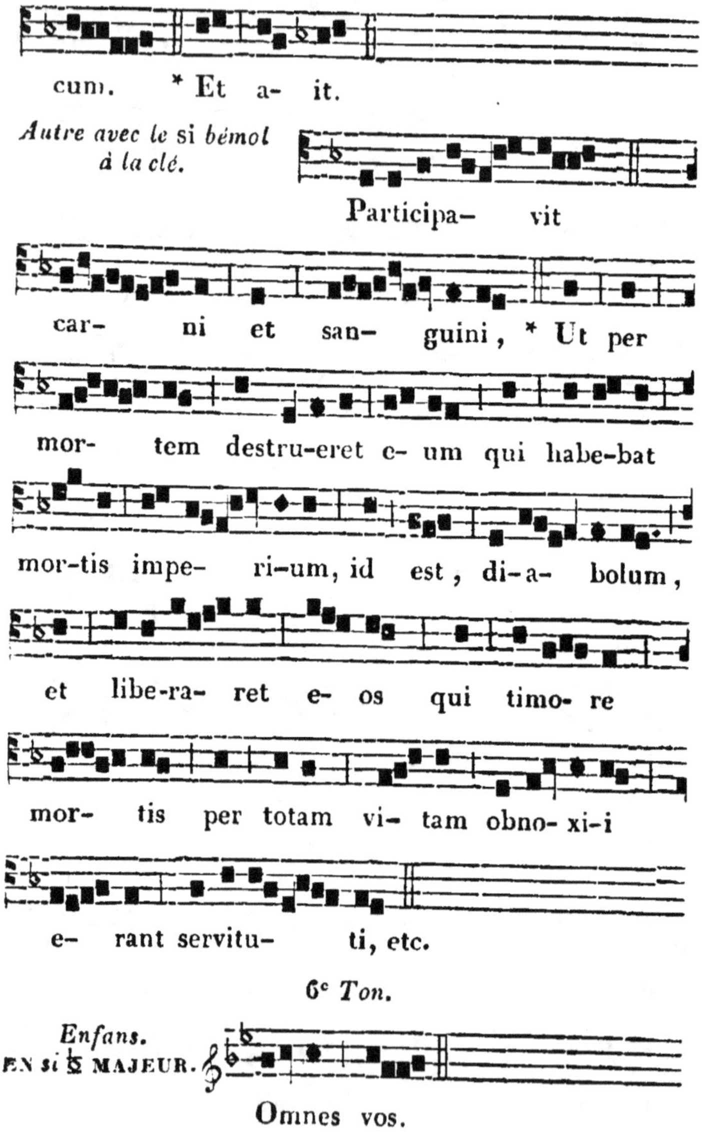
cum. * Et a- it.
Autre avec le si bémol à la clé.
Participa- vit
car- ni et san- guini, * Ut per
mor- tem destru-eret e- um qui habe-bat
mor-tis impe- ri-um, id est, di-a- bolum,
et libe-ra- ret e- os qui timo- re
mor- tis per totam vi- tam obno- xi-i
e- rant servitu- ti, etc.
6e Ton.
Enfans.
EN si ♮ MAJEUR.
Omnes vos.

Serpent.
EN *re* MAJEUR.
OU EN *ut* MAJEUR.
Chant.
HYPO-LYDIEN.
Omnes vos scandalum pati-
emini in me in is-ta noc- te ; scri- ptum
est e-nim : Percu- ti-am pas-to- rem ,
* Et disper-gen- tur o- ves
gre- gis. ℣. Frame- a suscita- re
super pastorem me-um , et super virum
cohærentem mihi , dicit Do- minus : per-
cu-te pas- to- rem. * Et.

7ᵉ *Ton.*

Enfans.
EN la MAJEUR SANS sol.
Cœnâ fac- tâ.

Serpent.
EN ut MAJEUR AVEC si.

OU EN si MAJEUR AVEC la.

Chant.
MIXO-LYDIEN.
Cœnâ fac- tâ, surgit

Je- sus à cœ- na et cœ-pit la- va- re

pe-des discipulo- rum, et di- cit Petro:

* Vos mundi es- tis, sed non om- nes:

sci-ebat e-nim quisnam es-set qui trade-

ret e- um. ℣. Non supergau- de-ant

mi-hi qui adversantur mi- hi i-ni- què;

qui ode- runt me gra- tis, et an- nu-
unt o- cu-lis. * Vos.

8ᵉ Ton.

Enfans.
EN fa MAJEUR.
Fi-li-us ho- minis.

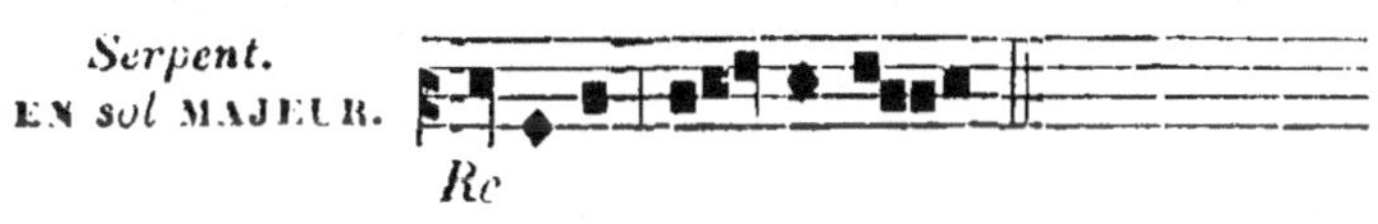

Serpent.
EN sol MAJEUR.
Re

Chant.
HYPO-MIXO-LYDIEN.
Fi-li-us ho- minis va-

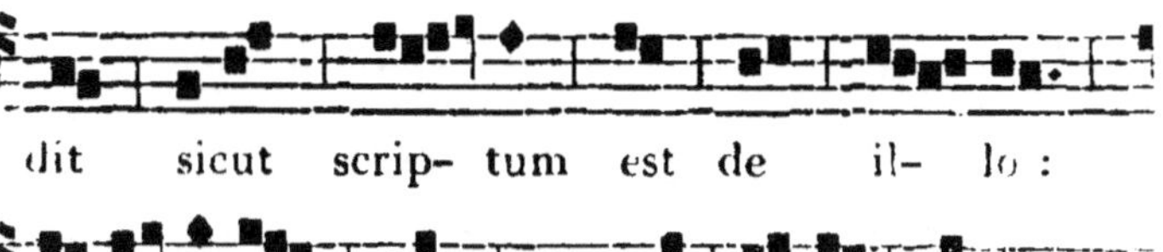

dit sicut scrip- tum est de il- lo :

ve-runtamen væ homini il-li per quem

Fi- li-us ho-minis trade- tur ; * Bonum e-rat

e- i, si na-tus non fu-is- set

* Bonum, etc.

OFFERTOIRE DE L'ASSOMPTION.

Pièce qui peut servir pour un concours de chantre.

8ᵉ Ton. HYPO-MIXO-LYDIEN.

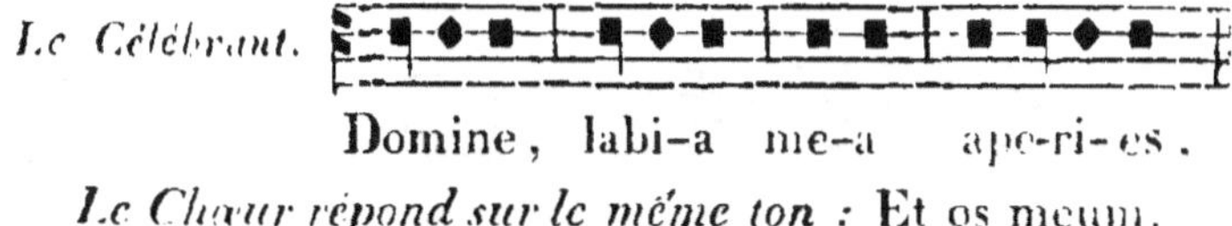

Voyez la remarque au mot transposition:
le serpentiste donnera , etc.

COMMENCEMENT DE MATINES.

Le Célébrant.

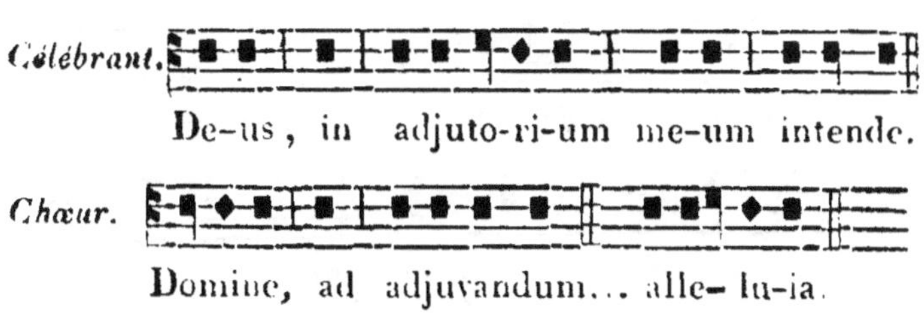

Le Chœur répond sur le même ton : Et os meum.

DE MÊME A COMPLIES.

Célébrant : Converte nos. *Chœur:* Et averte, etc.

Célébrant.

Chœur.

Ou

Ces deux inflexions décident mieux la terminaison que tout droit.

MANIÈRE DE CHANTER LES ABSOLUTIONS, BÉNÉDICTIONS ET LEÇONS.

Célébrant.

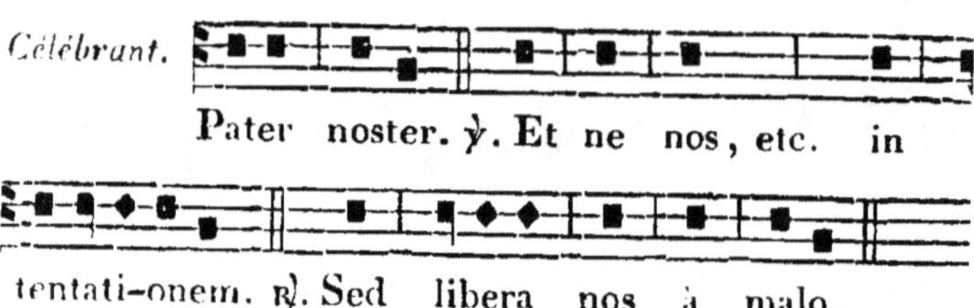

Absolution.

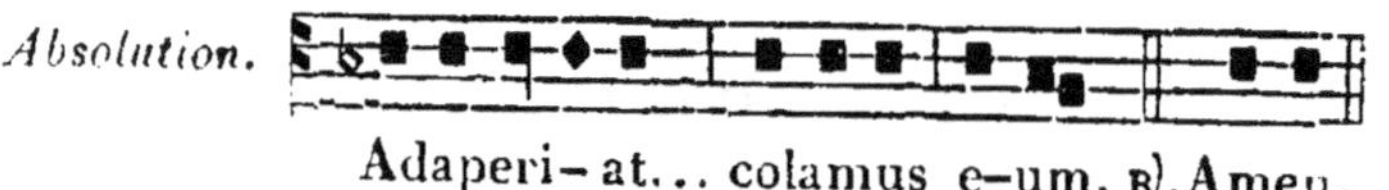

Lecteur.

Bénédiction.

Leçon.

Aux points.

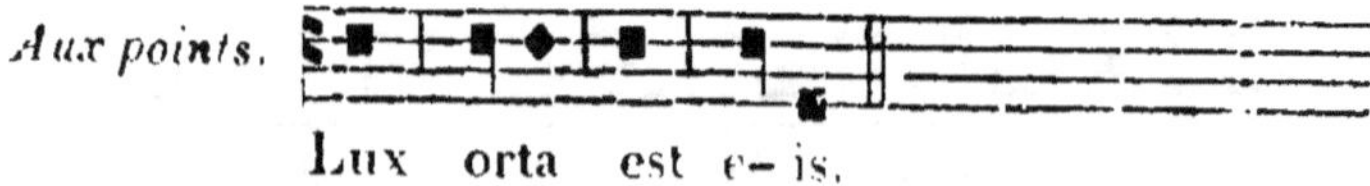

Aux mots dactiliques.
Ga-li-le-æ genti-um.
Aux monosyllabes et mots hébreux.
Sicut in di-e Madi-an.
Quod in vobis locutum est. Melchisedech.
Aux points d'interrogation ou d'admiration.
Quid clamabo ? Carissima
in de-lici-is !
Pour finir. Ou
Tu autem, Tu autem, Domine,
mise-rere nostrî. R). De-o grati-as.
Dans l'Avent.
Hæc dicit Dominus De-us... Salvi
e- ritis.
Dans le temps de la Passion.
Jerusalem, Jerusalem, convertere
...

ad Dominum De–um tu– um.

Pour les morts.

Et si mane quæsi– eris non sub-

sis– tam. Horror inha– bitat.

MANIÈRE DE CHANTER LE CAPITULE.

Célébrant.

Benedictus... in Christo Jesu.

Aux monosyllabes et mots hébreux.

Gaudete enim prope est.

Melchisedech. R̥. De–o grati–as.

Ou

De–o grati–as.

Pour les Oraisons. Célébrant.

Dominus vobiscum, R̥. Et cum

spi–ritu tu–o.

Célébrant. 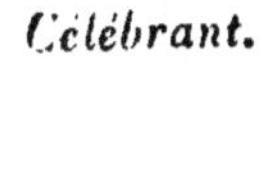

Oremus. De-us, qui nobis... Per om-

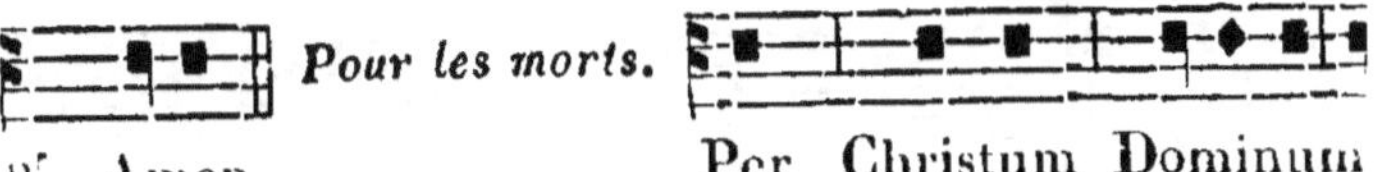

ni-a secula seculorum. R̷. Amen.

Ou bien. 

Per Christum Dominum nostrum.

 *Pour les morts.*

R̷. Amen.   Per Christum Dominum

Célébrant.

nostrum. R̷. Amen.   Benedicamus Domino.

Pour les morts.

R̷. De-o grati-as   Requi-escant

in pa— ce *ou* pace. R̷. Amen.

MANIÈRE DE CHANTER L'ÉPITRE.

Il y a trois signes à observer : ᵛ, ᴧ, ᵛ *.

Le premier signifie de baisser la voix d'une tierce mineure.

Le deuxième signifie de hausser la voix d'une tierce mineure.

Le troisième s'emploie à la fin, il signifie addition de quelques notes, comme ci-après.

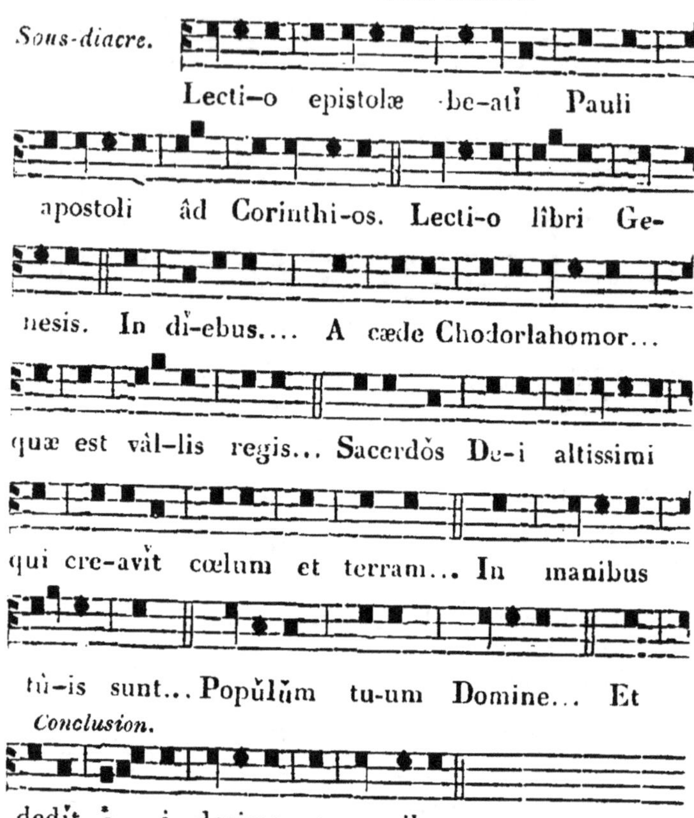

POUR L'ÉVANGILE.

Il y a trois signes à observer : ▾, ◡, ▾*, le premier
et troisième comme dans l'Epître, et le deuxième qui
signifie liaison de trois notes.

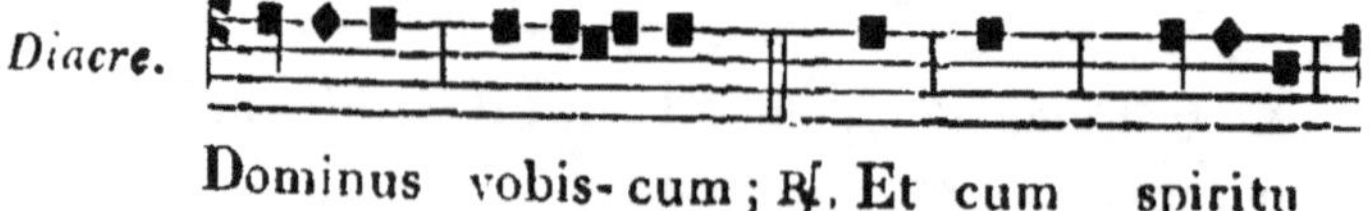

GÉNÉALOGIE POUR LE JOUR DE NOËL.

Diacre.

spiritu tu- o.   Ini-ti-um... secundùm

R̶.

Matthæum.   Glori-a tibi, Domine.

GÉNÉALOGIE POUR LE JOUR DES ROIS.

Diacre.   R̶.

Dominus vo-bis- cum ;   Et cum spi-

ritu tu- o.

Diacre.

Sequentia... secundùm Lu-cam.

R̶.

Glo- ri-a tibi, Domine.

PRÉFACE. 
Célébrant.   Ch.

Per omnia .. seculorum.   Amen.

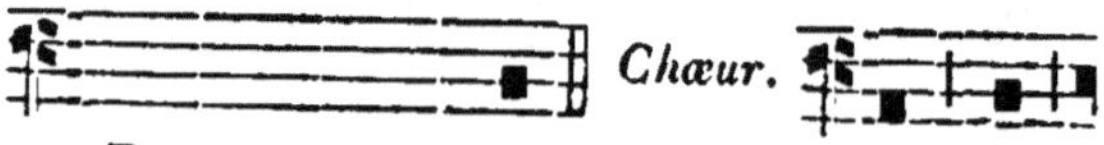

Célébrant.   *Chœur.*

Dominus vobiscum.   Et cum

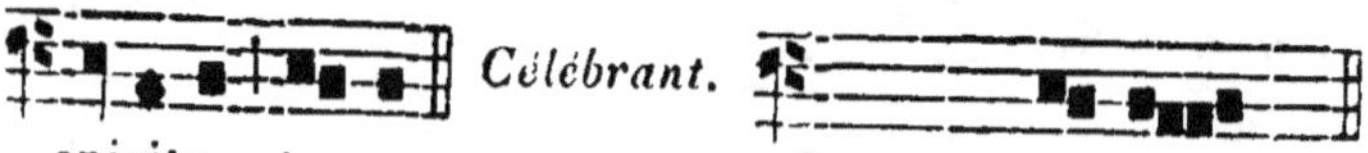

spiritu tu-o.   *Célébrant.*

Sursum cor-da.

POUR LE SAMEDI DE PAQUES ET DE LA PENTECÔTE.
AUX FONTS BAPTISMAUX.

AU PATER.
Célébrant.

Per omnia... seculorum.

Chœur.

Amen.

Célébrant.

Et ne nos.... in tentationem.

Chœur.

Sed libera nos à malo.

Avant l'AGNUS.
Célébrant.

Per omnia... seculorum.

Chœur.

Amen.

A la Messe pontificale,
le diacre dit :

Humiliate vos ad benedictionem.

Chœur.

De-o grati- as.

A chaque Bénédiction,
le chœur répond :

Amen.

A la dernière,
le pontife dit :

Et pax ejus sit semper vobiscum.

Chœur.

Et cum spiritu tu-o.

Le Célébrant
ordinaire dit:

Pax Domini sit semper vobiscum.

DIFFERENS CHANTS DE L'*ITE MISSA EST.*

grati-as.
SOLENNELS-MINEURS.
Diacre.
I- te,
Chœur.
missa est.
De- o gra-
ti-as.
AUTRE.
Diacre.
I-te, mis- sa est
Chœur.
De-o gra- ti-as.
POUR LES DOUBLES.
Diacre.
I- te, mis- sa est.
Chœur.
De- o gra- ti-as.
POUR LES SEMI-DOUBLES.
Diacre.
I- te, mis- sa est.
Chœur.
De- o gra- ti-as.

POUR LES SIMPLES.
Diacre.

Ite, missa   est.

Chœur.

De-o grati- as.

*Plusieurs chantres font des deux dernières notes,
sol la, une seconde mineure, au lieu d'une majeure.*

POUR LES MORTS.
Diacre.

Requi-escant in pa- ce.

Chœur.

Amen.

CHANT ROMAIN.
Diacre.

Requi-escant in pace.

Chœur.

Amen.

DIFFÉRENS CHANTS POUR LE *BENEDICAMUS.*

POUR LES ANNUELS.
Choristes, Diacre.

Bene- dica-

Chœur.

mus Domino.   De-   o

grati-as.
AUTRE. Choristes. Diacre.
Be-ne-dicamus Do-
mino.
Chœur.
De- o
dicamus gra-
ti-as.
SOLENNELS. Choristes.
Benedicamus Do-
mino.
Chœur.
De-o dicamus gra-
ti-as.
AUTRE. Choristes.
Bene- dica- mus Do- mino.
Chœur.
De-o gra- ti-as.
POUR LES DOUBLES. Choristes.
Be-ne-di-camus Do- mi-

Chœur.

no.   De- o gra- ti-as.

POUR LES SEMI-DOUBLES.
Choristes.

Benedicamus Do-

Chœur.

mino.   De- o gra- ti-as.

AUTRE POUR LES SEMI-DOUBLES ET LES SIMPLES.

Choristes.

Benedi-ca- mus Domino.

Chœur.

De-o grati- as.

POUR LES FÉRIES.
Célébrant.

Benedicamus Domino.

Chœur.    *Ou*

De-o grati-as.   Domino. Grati-as.

POUR LA BÉNÉDICTION DU SAINT SACREMENT.

Célébrant.

Adjutori-um... in nomine Domini.

Chœur.

Qui fecit cœlum et terram.

CHANTS DES PSAUMES ET DES CANTIQUES.

Je crois que les variantes suivantes sont abusives.
Et colles. Jordanis.
Opera. A faci-e, etc.
Benedixit domu-i
Isra-el. Dominus super vos.
et non
Dominus
super vos.
AUTRE CHANT.
Intonation.
Lauda-te Dominum, omnes gentes.
Autres Intonations ou Variantes.
Spiri-tu-i sancto.
Dixit.
Credidi. Domini est terra. Circumplexi sunt
Différentes terminaisons.
me.
Seculorum. Amen.
J.
f.
Seculorum. Amen.
Seculorum. Amen.
g.
g.
Seculorum. Amen.
Seculorum. Amen.

CHANT NOUVEAU.

Les chants marqués par un astérisque * sont de l'auteur.

POUR LES SEMI-DOUBLES ET AU-DESSOUS.

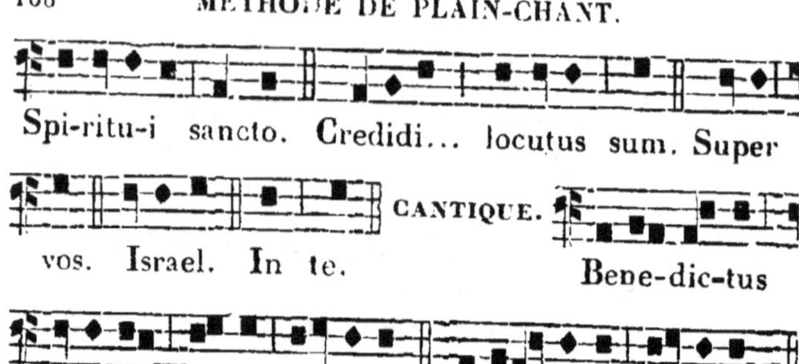

** On fait souvent une tierce diminuée au lieu d'une tierce mineure, ce qui le rend pleureur et monotone.*

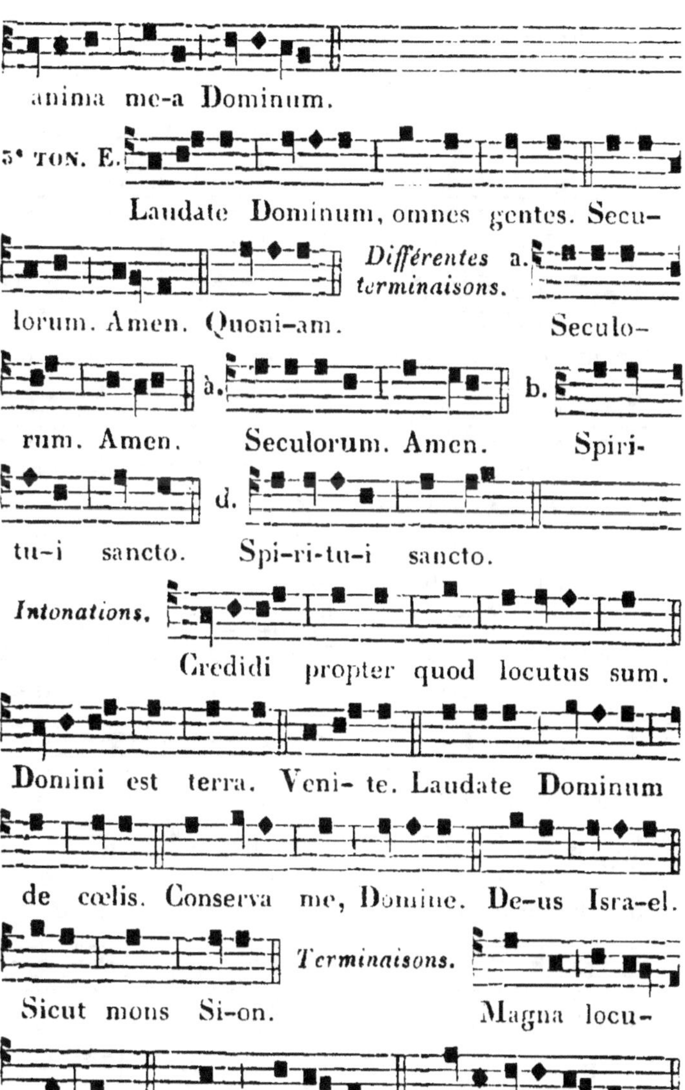
anima me-a Dominum.
5e TON. E.
Laudate Dominum, omnes gentes. Secu-
Différentes a.
terminaisons.
lorum. Amen. Quoni-am.   Seculorum. Amen.   Seculorum. Amen.   Spiri-
tu-i sancto.   Spi-ri-tu-i sancto.
Intonations.
Credidi propter quod locutus sum.
Domini est terra. Veni- te. Laudate Dominum
de cœlis. Conserva me, Domine. De-us Isra-el.
Terminaisons.
Sicut mons Si-on.   Magna locu-
ti sunt. Quæ di-le-xi.   Genera-ti-o-nes.

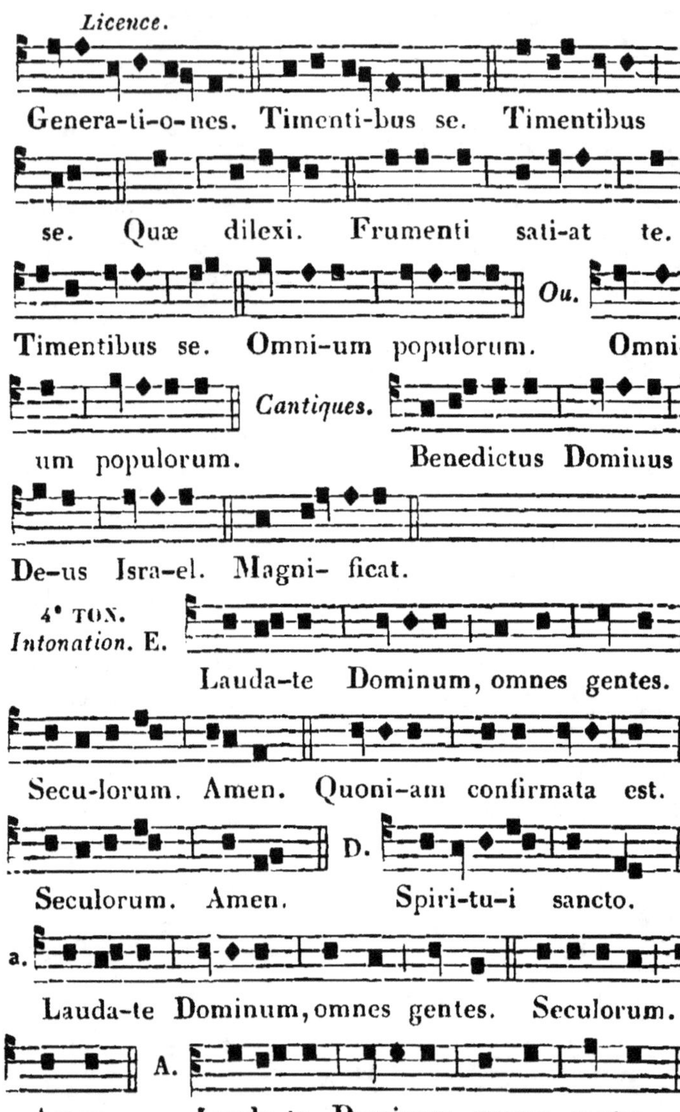

Licence.
Genera-ti-o-nes. Timenti-bus se. Timentibus
se. Quæ dilexi. Frumenti sati-at te.
Ou.
Timentibus se. Omni-um populorum. Omni-
Cantiques.
um populorum. Benedictus Dominus
De-us Isra-el. Magni- ficat.
4e TON.
Intonation. E.
Lauda-te Dominum, omnes gentes.
Secu-lorum. Amen. Quoni-am confirmata est.
D.
Seculorum. Amen. Spiri-tu-i sancto.
a.
Lauda-te Dominum, omnes gentes. Seculorum.
A.
Amen. Lauda-te Dominum, omnes gentes.

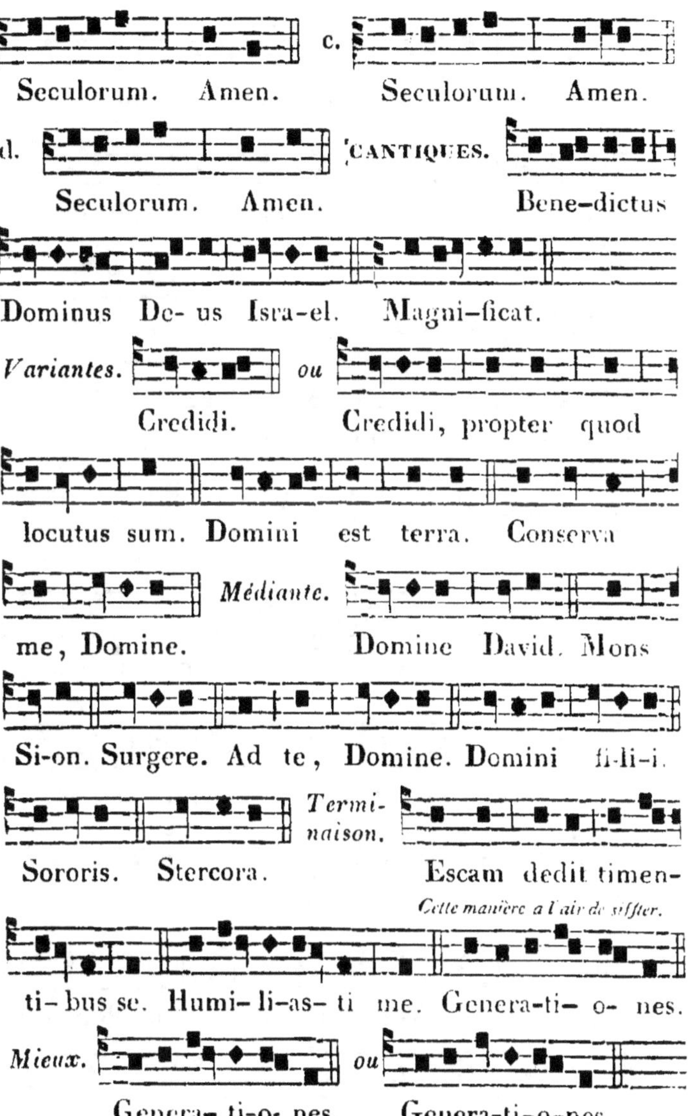

c.
Seculorum.   Amen.   Seculorum.   Amen.
d.   CANTIQUES.
Seculorum.   Amen.   Bene-dictus
Dominus De- us Isra-el.   Magni-ficat.
Variantes.   ou
Credidi.   Credidi, propter   quod
locutus sum. Domini   est   terra.   Conserva
Médiante.
me, Domine.   Domine   David. Mons
Si-on. Surgere. Ad   te,   Domine. Domini   fi-li-i.
Termi-
naison.
Sororis.   Stercora.   Escam   dedit timen-
Cette manière a l'air de siffler.
ti-bus se. Humi- li-as- ti   me. Genera-ti- o- nes.
Mieux.   ou
Genera- ti-o- nes.   Genera-ti-o-nes.

Chant nouveau.*
Lauda-te Dominum, omnes gentes. Secu-
lorum. Amen. Glori-a Patri, et Fi- li-o.
Ou
Fili-o. Da-vid. In te. Quod locutus sum.
Quod paras-ti. Timentibus se.
5e TON.
Intonation. C.
Laudate Dominum, omnes gentes.
Seculorum. Amen. Quoni-am, etc. Spi-ri-tu-i
F.
Paris.
sancto. Spiri-tu-i sancto. Frumenti sati-at te.
Pomorum custodi-am. Timentibus se.
On peut dire aussi.
Frumenti sati-at te. Pomorum
custodi-am. Erat in nobis. Dicat nunc Isra-el, etc.

David. Sororis. Stercoris.
Lourd.
Au lieu de
Genera- ti- ones.
Genera-ti- ones.
Bon. La liaison transportée.
Genera-ti-o- nes.
Omni-um po-pulorum.
Liaison transportée.
Lourd.
Omni-um populo-rum.
Popu-lorum.
Chant nouveau.*
Laudate Dominum omnes gentes. Secu-
lorum. Amen. Glori-a Patri, et Fili- o.
Quod parasti. Domine David. Salvum me fac.
Autre. *
Humili- asti me.
Cum invocarem...
justi-ti-æ me-æ, in tribu-la-ti-one di-latasti

mihi.

6.⁰ TON *dit Royal.*
C.
Lauda- te Dominum, omnes gentes.

Seculorum. Amen. Glori-a Patri, et Fi-li-o.

Quà invoca- verimus te.   *Ou*   Quâ invocave-ri-

mus te. Quod parasti. Domine David.

Intonation.
Conserva me, Domine.

CANTIQUE.
Bene-dictus Dominus De-us Isra-el.

Magni-ficat anima me-a Dominum.   *Ou*   Ma-

gni- ficat.   C.   Lauda-te Dominum, omnes

gentes. Seculorum. Amen.

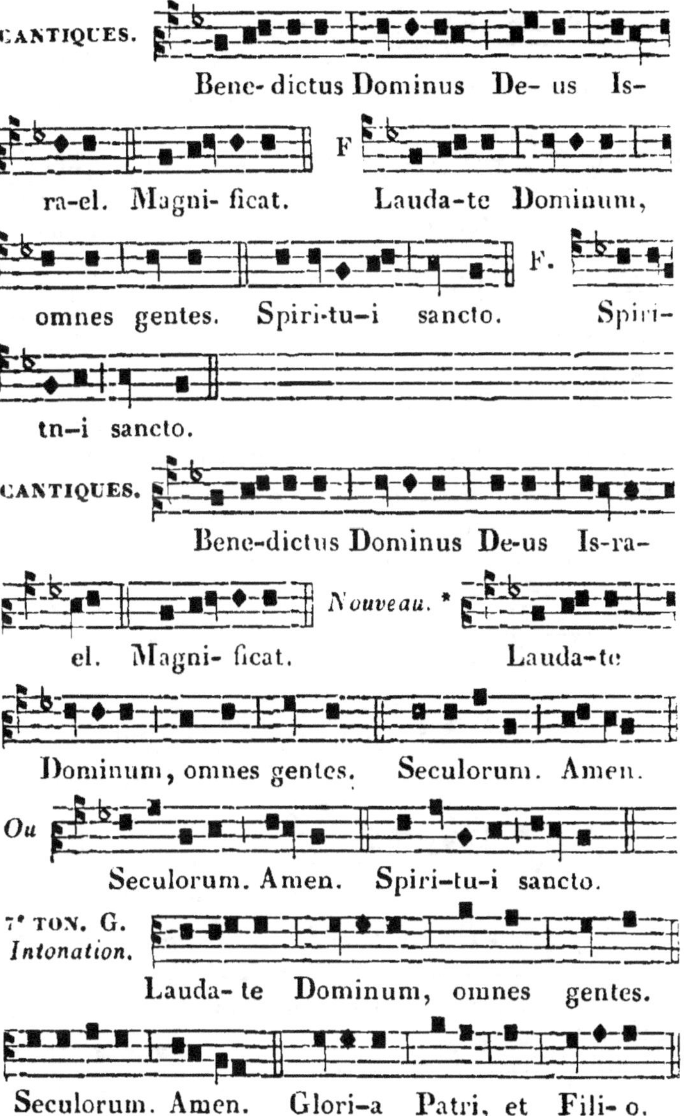
CANTIQUES.
Bene- dictus Dominus De- us Is-
ra-el. Magni- ficat.   F   Lauda-te Dominum,
omnes gentes.   Spiri-tu-i sancto.   F.   Spiri-
tn-i sancto.
CANTIQUES.
Bene-dictus Dominus De-us Is-ra-
Nouveau. *
el. Magni- ficat.   Lauda-te
Dominum, omnes gentes.   Seculorum. Amen.
Ou
Seculorum. Amen.   Spiri-tu-i sancto.
7e TON. G.
Intonation.
Lauda- te Dominum, omnes gentes.
Seculorum. Amen.   Glori-a Patri, et Fili- o.

Ou
Cre-didi propter quod locutus sum.   Credi-
a.
di. Qui potens est.   Domine David.   Spiri-
b.   c.
tu-i sancto.   Seculorum.   Amen.   Secu-
c.
lorum.   Amen.   Seculorum.   Amen.
d.   d.
Seculorum.   Amen.   Seculorum.   Amen.
G.   d.
Pedum tu-o-rum.   Pedum tu-orum.
d.   G.
Timentibus   se.   Timenti-bus   se.
a.
Timentibus   se.   Pomorum custodi-am.
Autrement.
Pomorum custodi-am.   Erat in   nobis, etc.
CANTIQUE.
Dicat nunc Isra-el.   Magni- ficat

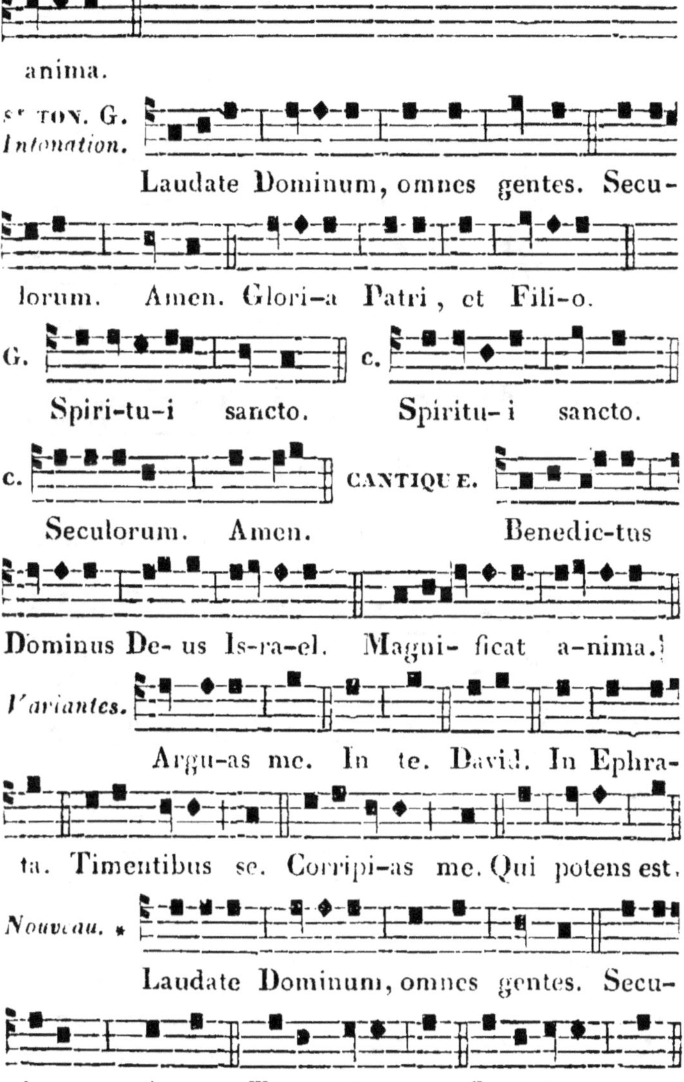

anima.
s⁷ TON. G.
Intonation.
Laudate Dominum, omnes gentes. Secu-
lorum. Amen. Glori-a Patri, et Fili-o.
G.
c.
Spiri-tu-i sancto.
Spiritu-i sancto.
c.
CANTIQUE.
Seculorum. Amen.
Benedic-tus
Dominus De- us Is-ra-el. Magni- ficat a-nima.
Variantes.
Argu-as me. In te. David. In Ephra-
ta. Timentibus se. Corripi-as me. Qui potens est.
Nouveau. *
Laudate Dominum, omnes gentes. Secu-
lorum. Amen. Timentibus se. Corripi-as me.

A Vépres, les Psaumes commencent par la domi-nante comme aux semi-doubles. Le Cantique comme à l'ordinaire. Pour le **De** profundis *en faux-bourdon, voy. à la fin.*

GRANDES ANTIENNES DITES A L'APPROCHE DE NOEL, SUIVIES DU MAGNIFICAT.

Le chœur poursuit dans le ton de *Re* ordinairement, ou *Mi*, etc.

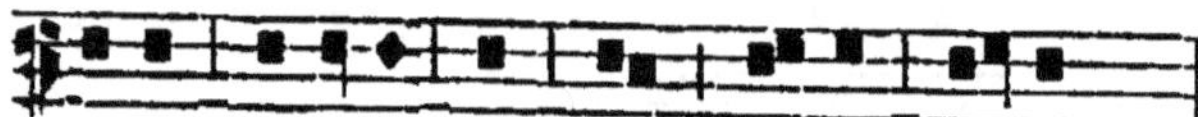

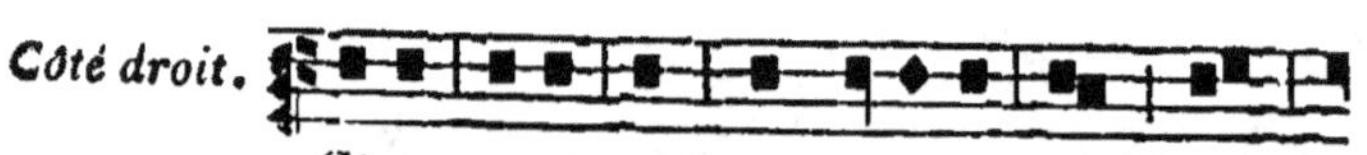

Ici on dit l'Antienne sans imposition.

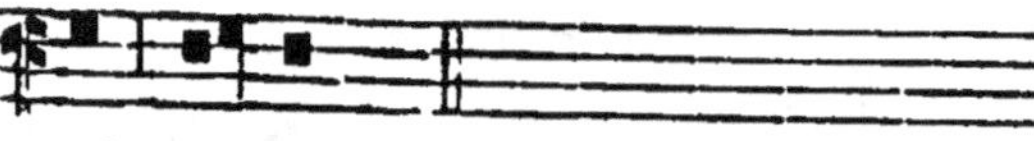

Le Chœur achève.

On répète l'Antienne ci-dessus avec imposition.

℣. **Adjutor meus et protector meus tu es.**

℟. **Deus meus, ne tardaveris.**

Si c'est un Samedi, on dit le ℣. du Samedi avant le Dimanche suivant, ensuite l'Oraison, et le Benedicamus des solennels-mineurs.

MISERERE.

* Il faut quelquefois tronquer le chant lorsque la psalmodie
ou quantité y gagne.

coram te fe- ci, ut justi-fice-ris in sermo—
nibus tu–is et vincas cùm judica- ris.
Ecce enim in iniquita-tibus conceptus
sum, et in peccatis concepit me mater
me- a. Ecce enim veri-tatem di-le-xis- ti :
incerta et occulta sapi-enti-æ tu–æ manifes-
tasti mi-hi. Asperges me hyssopo et mun-
dabor; lavabis me, et super nivem de-alba-
bor. Auditu–i me-o dabis gaudi-um et læ-
ti- ti-am, et exultabunt ossa hu-mili-a- ta.

Averte faci-em tu-am à pecca-tis me-is,
et omnes iniquitates me-as de-le. Cor
mundum cre-a in me, De-us; et spiritum
rectum innova in vis-ce-ribus me-is. Ne
pro-jici-as me à faci-e tu-a; et
Spiritum sanctum tu-um ne au-feras à me.
Redde mihi læti-ti-am salu-taris tu-i, et
spiritu princi-pa-li confirma me. Docebo ini-
quos vi-as tu-as, et impi-i ad te conver-
tentur. Libera me de sanguinibus, De-us,

De-us sa-lu-tis me-æ; et exultabit lingua
me-a jus-ti- ti-am tu-am. Domine, labi-a
me-a a-pe- ri-es, et os me-um annunti-a-
bit laudem tu-am. Quoni-am si volu-isses
sacri-fici-um dedis-sem u-tique; holocaustis
non delecta-beris. Sacri-fici-um De-o spiritus contri-bula- tus; cor contritum et humili-
atum, De-us, non despi-ci-es. Benigne fac,
Domine, in bona voluntate tu-a Si- on; ut
ædi-ficentur mu-ri Jeru- salem. Tunc accep-

culorum.   Amen.

℣. Ostende nobis, Domine, misericordiam tuam;
℟. Et salutare tuum da nobis.

FAUX-BOURDONS POUR LES FÊTES SOLENNELLES.

1ᵉʳ TON.
Enfans de Chœur.

Le Peuple.

Chœur ou Chantres.

Autre finale.

2ᵉ TON.

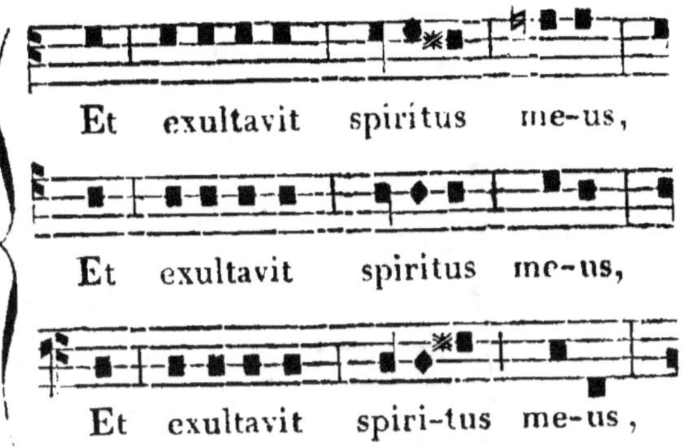

Id. Noté.

...

2ᵉ TON.
Noté.

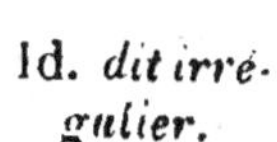

Id. *dit irré-gulier.*

Autre commence-ment.

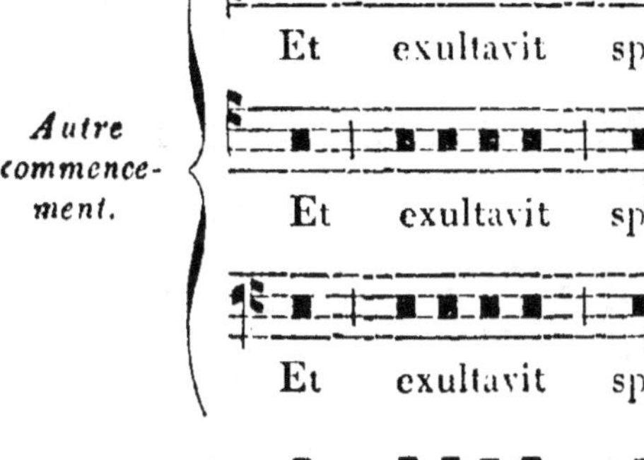

3ᵉ TON.
Noté.

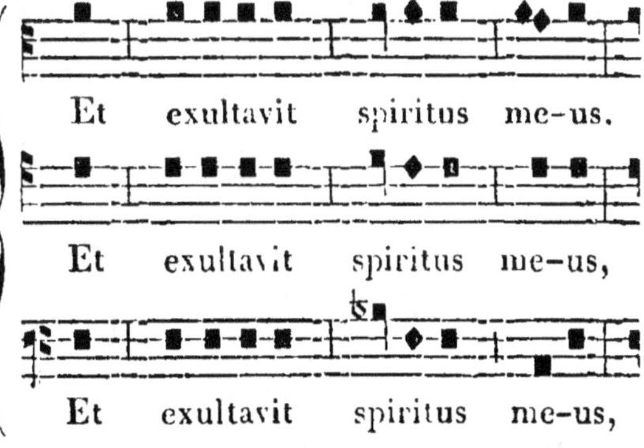

4ᵉ TON.

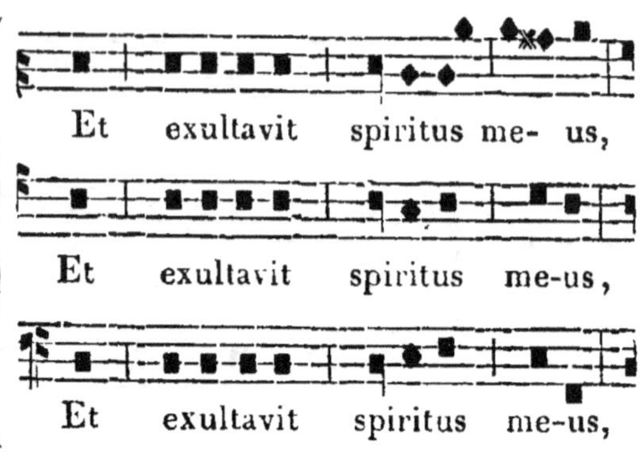

A Notre-Dame de Paris, on n'en chante point du 4ᵉ ton.

Autre finale.

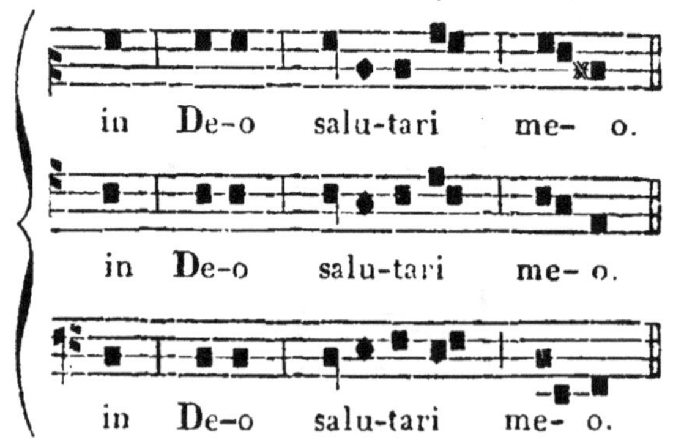

5ᵉ TON.

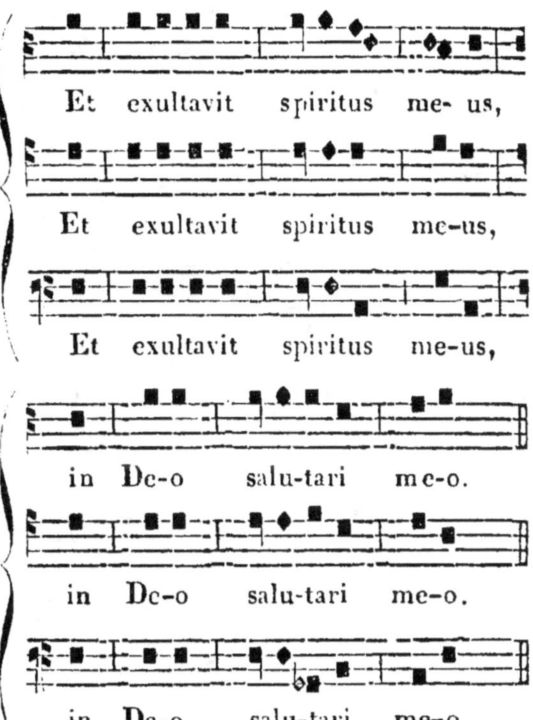

Autre finale.

AUTRE 5ᵉ TON.

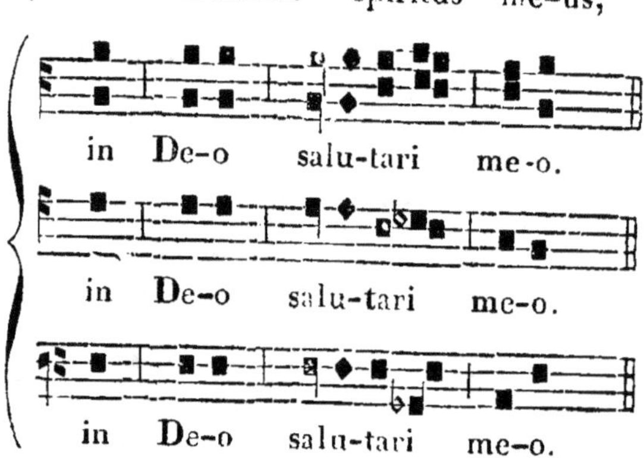

**Autre.
Le chant
baissé
d'une tierce.**

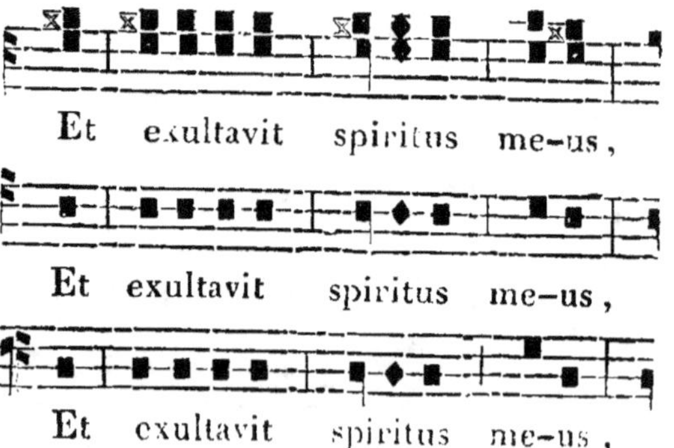

in De-o salu-tari me-o.
in De-o salu tari me-o.
in De-o salu-tari me-o.
Et exultavit spiritus me-us,
Et exultavit spiritus me-us,
Et exultavit spiritus me-us,
in De-o salu-tari me-o.
in De-o salu-tari me-o.
in De-o salu-tari me-o.

1ᵉ TON.
Noté.

6ᵉ TON
dit royal.
Noté.

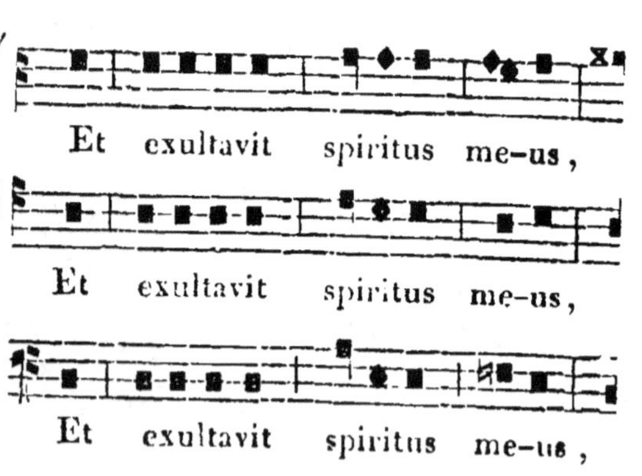

7ᵉ TON.
Noté.

*Ici les deux
quintes
sont évitées.*

*Autre
finale.*

* Ici les deux quintes ne font pas mauvais effet ; elles ne sont
pas dans le même membre de phrase.

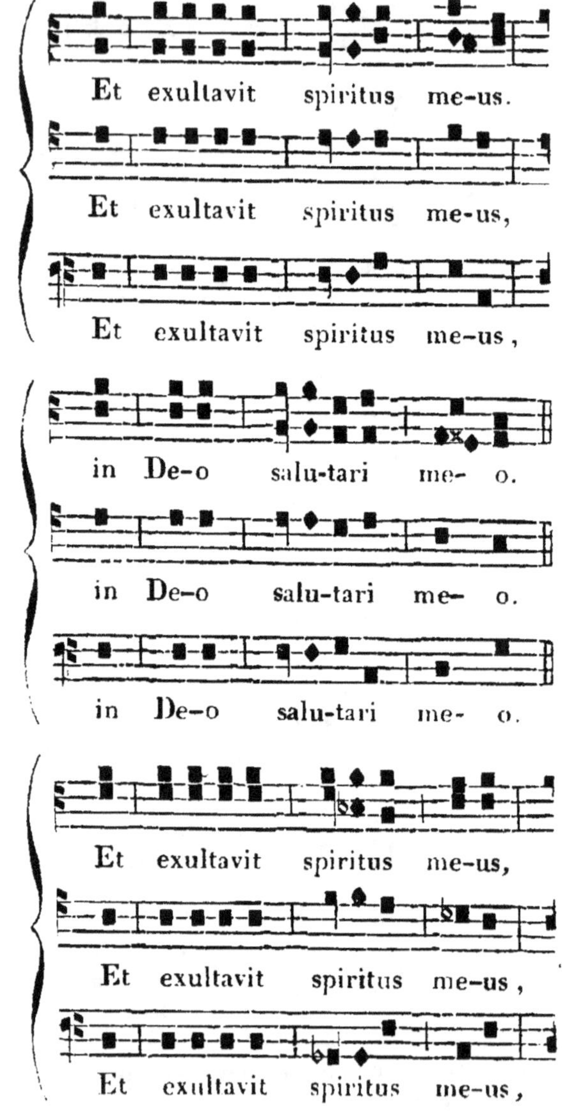
Et exultavit spiritus me-us.
Et exultavit spiritus me-us,
Et exultavit spiritus me-us,
in De-o salu-tari me- o.
in De-o salu-tari me- o.
in De-o salu-tari me- o.
Et exultavit spiritus me-us,
Et exultavit spiritus me-us,
Et exultavit spiritus me-us,
8e TON.
1er TON nouveau

Autre finale.

Autre basse.

2ᵉ TON
nouveau *

Autre.
Basse. *

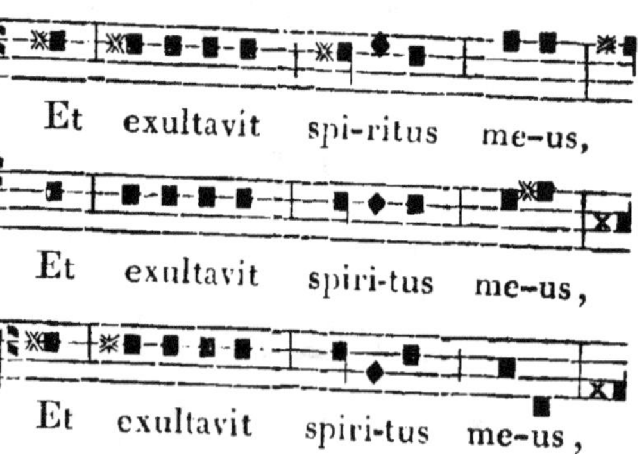

5ᵉ TON
nouveau.

in De-o salu-tari me- o.
Autre Basse. *
in De-o salu-tari me-o.
in De-o salu-tari me-o.
Et exultavit spiri-tus me-us,
5ᵉ TON nouveau *
Et exultavit spiri-tus me-us,
Et exultavit spiri-tus me-us,
in De-o salu-tari me-o.
in De-o salu-tari me-o.
in De o salu-tari me-o.

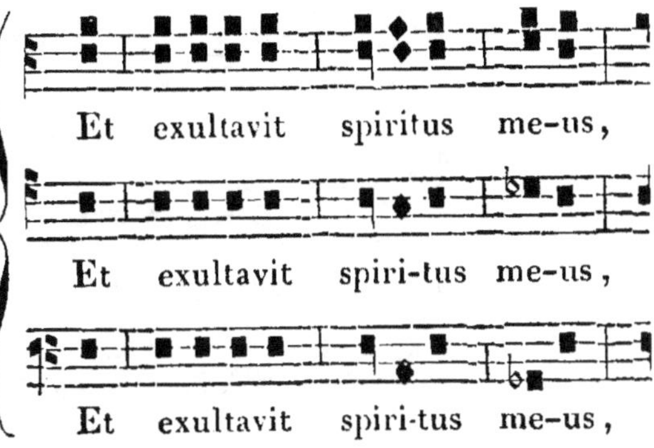

6e TON
nouveau *

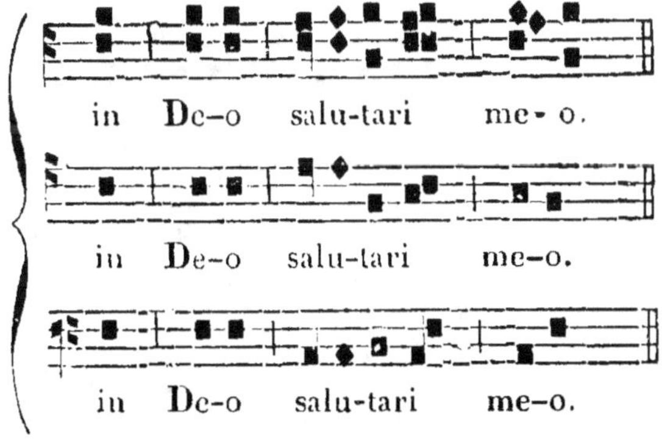

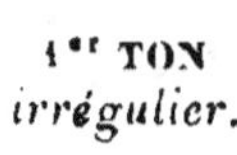

1er TON
irrégulier.

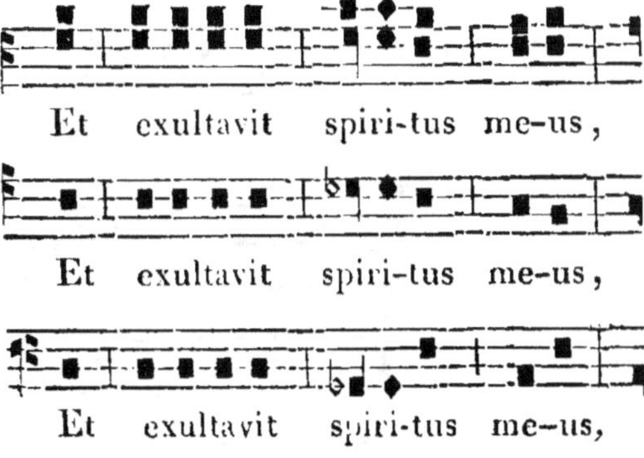

in De-o salu-tari me-o.
in De-o salu-tari me-o.
in De-o salu-tari me-o.
Mi-serere me-î, De- us, secundùm
Mi-serere me-î, De- us, secundùm
Miserere me-î, De- us, secundùm
magnam mise-ricor-di-am tu- am.
magnam mise-ricor- di-am tu- am.
magnam mise-ricor-di-am tu-am.

MISERERE.

Préface.
Habe-mus ad Dominum.
Habe-mus ad Dominum.
Habe-mus ad Dominum.
Di-gnum, et justum est.
Di-gnum, et justum est.
Di-gnum, et justum est.
Bénédiction.
Qui fecit cœlum et ter-ram.
Qui fecit cœlum, et ter-ram.
Qui fecit cœlum, et ter-ram.

Ex hoc nunc, et usque in
Ex hoc nunc, et usque in
Ex hoc nunc, et usque in
seculum. Amen.
seculum. Amen.
seculum. Amen.
Amen.
Amen.
Amen.

Ou bien.

PROSE DES MORTS. A QUATRE PARTIES.

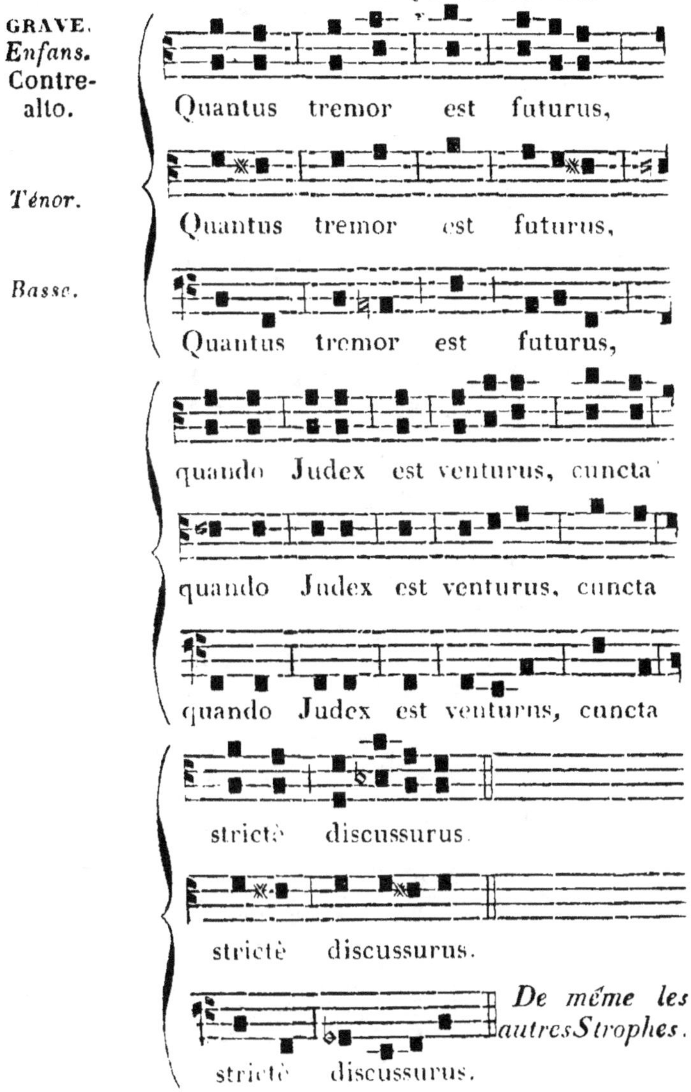

GRAVE.
Enfans.
Contre-
alto.

Ténor.

Basse.

De même les autres Strophes.

Lacrymosa di-es illa, quâ
Lacrymosa di-es illa, quâ
Lacyrmosa di-es illa, quâ

resurget ex favilla.
resurget ex favilla.
resurget ex favilla.

PIE JESU.

Pi-e Jesu Domine, dona e- is
Pi-e Jesu Domine, dona e- is
Pi-e Jesu Domine, dona e- is

requi-em.   Amen.
requi-em.   Amen.
requi-em.   Amen.
A l'Éléva-
tion, au lieu
d'Amen,
on dit :
Sempiternam.
Sempiter-nam.
Sempiternam.
De profun-
dis.
De profundis clamavi ad te,
De profundis clamavi ad te,
De profundis clamavi ad te,

14

 MÉTHODE DE PLAIN-CHANT.

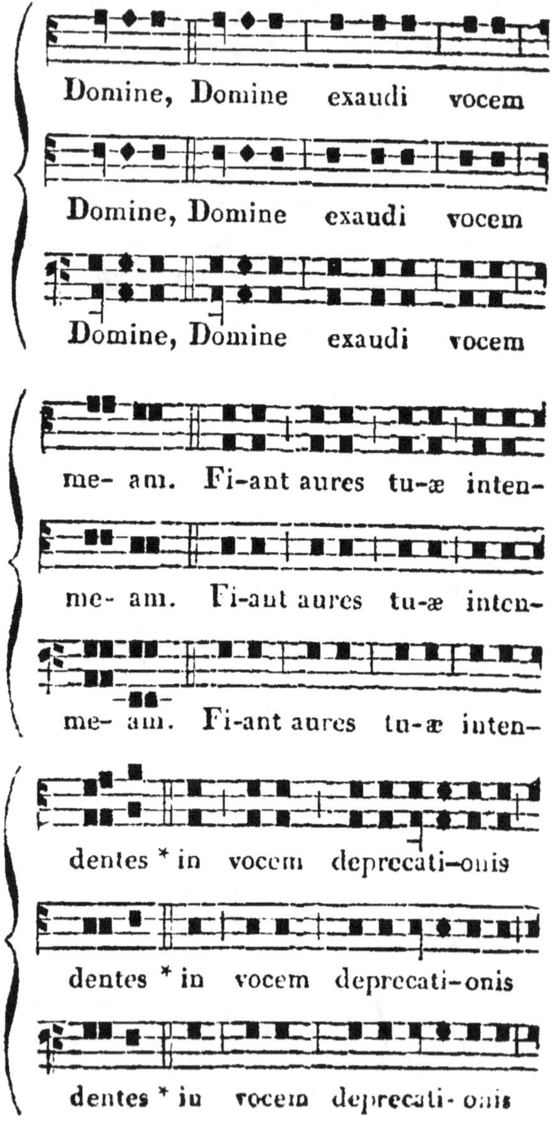

Ou bien :

De même des autres versets.

Deus in adjutorium meum intende.

Le Célébrant prendra sur le la *le* Deus in adjutorium meum intende.

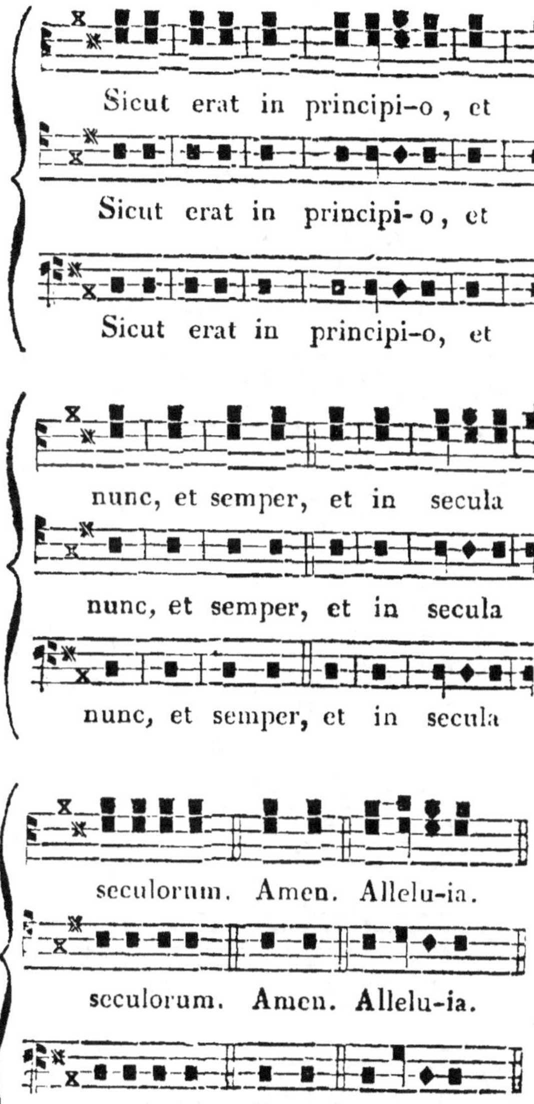

Sicut erat in principi-o, et
Sicut erat in principi-o, et
Sicut erat in principi-o, et
nunc, et semper, et in secula
nunc, et semper, et in secula
nunc, et semper, et in secula
seculorum. Amen. Allelu-ia.
seculorum. Amen. Allelu-ia.
seculorum. Amen. Allelu-ia.

FAUX-BOURDONS

POUR L'ORGUE.

CHANT DANS LA BASSE.

I[er] Ton. — Les versets finissent en *ut* mineur.

IIe Ton. — Les versets finissent en *mi* mineur.

IIe Ton dit *irrégulier.* — Les versets finissent en *mi* mineur.

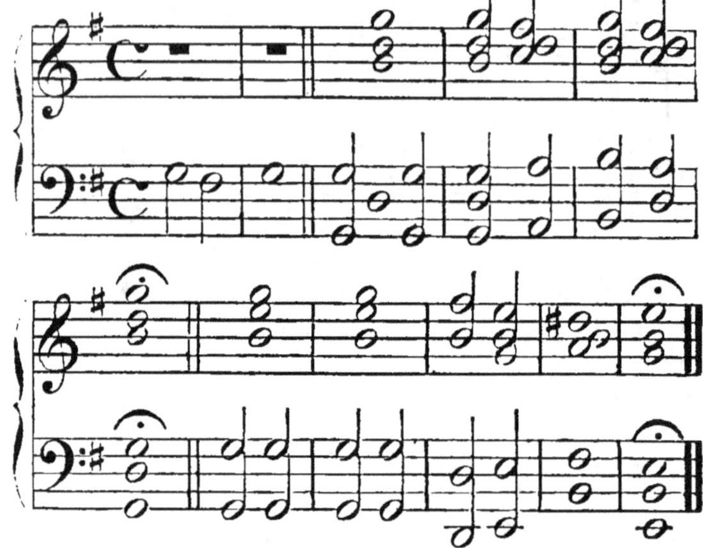

IIIe Ton. — Les versets finissent en *mi* mineur.

IVᵉ TON. — Les versets finissent en *sol* mineur.

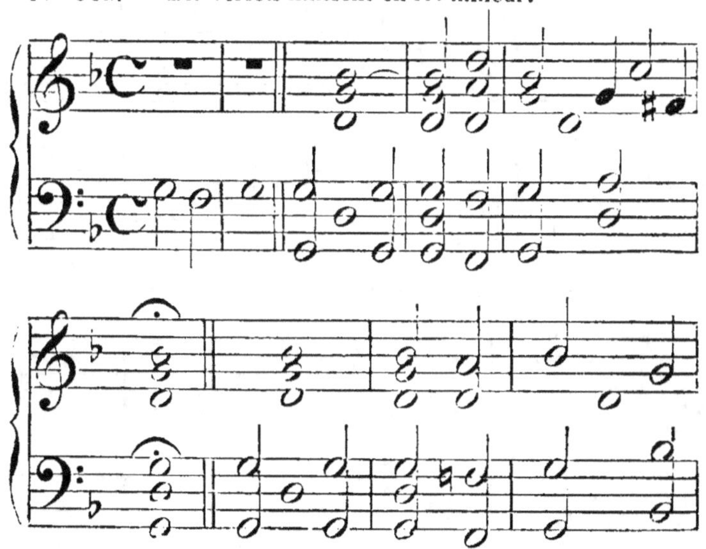

14.

Vᵉ Ton. — Les versets finissent en *ut* majeur.

Vᵉ Ton. — Les versets finissent en *ut* majeur.

VIᵉ TON. — Les versets finissent en *mi* ♭ majeur.

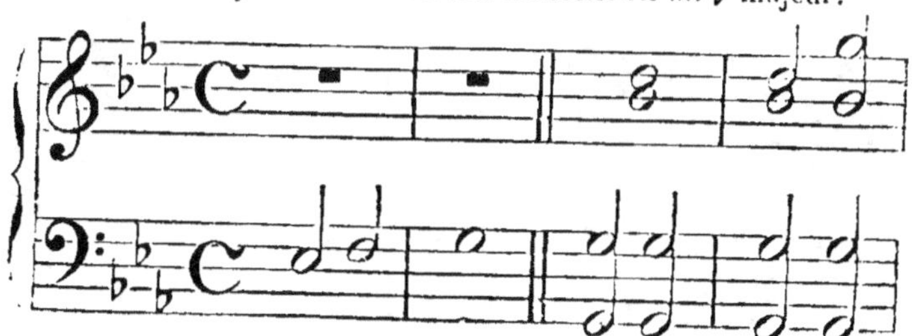

VIᵉ TON dit *royal*. — Les versets finissent en *mi* ♭ majeur.

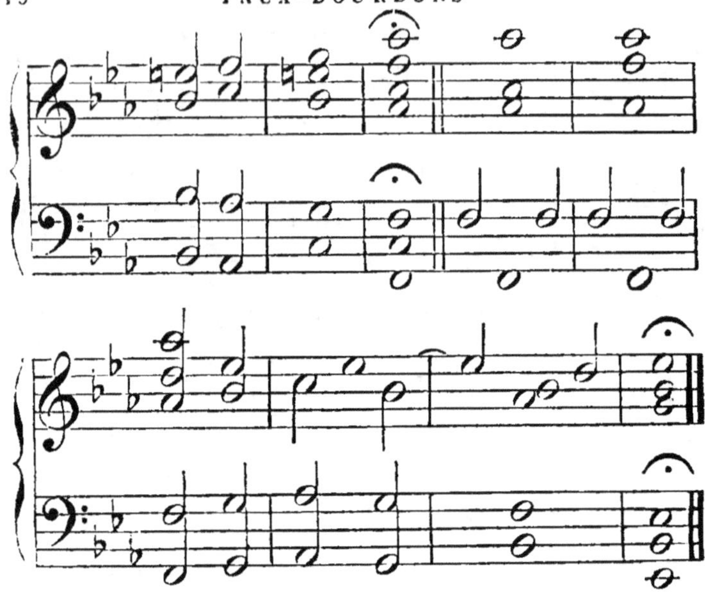

VIᵉ Ton. —- Les versets finissent en *mi* ♭ majeur.

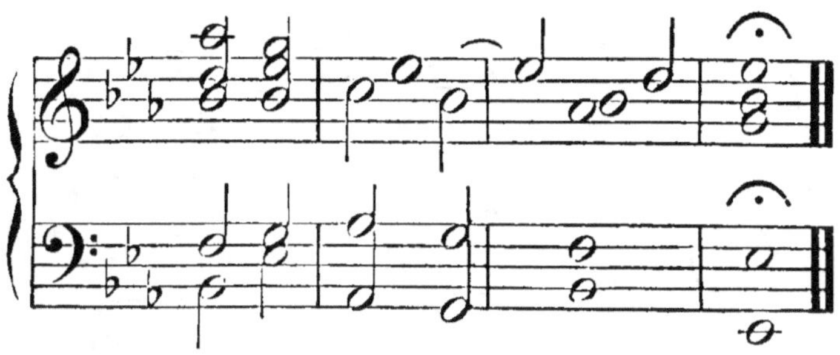

VIIe Ton. — Les versets finissent en *ut* majeur.

VIIIe Ton. — Les versets finissent en *sol* majeur.

CHANT DANS LA PARTIE SUPÉRIEURE.

1er Ton. — Les versets finissent en *ré mineur.*

FAUX-BOURDONS

Ier Ton. — Les versets finissent en *ré* mineur.

IIe Ton. — Les versets finissent en *fa* ♯ mineur.

FAUX-BOURDONS

Ton dit *Irrégulier*. — Les versets finissent en *fa* ♯ mineur.

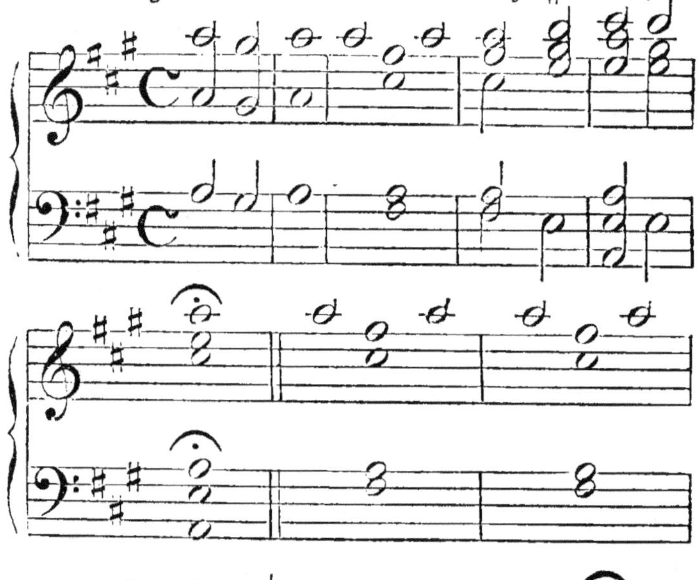

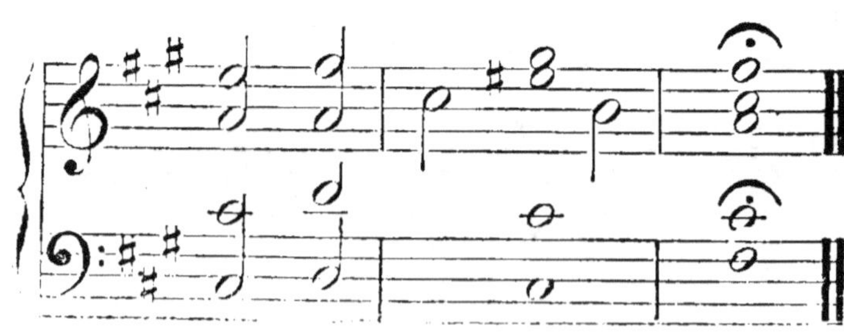

IIᵉ Ton. — Les versets finissent en *fa* ♯ mineur.

IIIᵉ Ton. — Les versets finissent en *fa* ♯ mineur.

IIIe Ton. — Les versets finissent en *la mineur*.

Un peu haut.

IVe Ton. — Les versets finissent en *la mineur*.

FAUX - BOUR ONS

Ve Ton. — Les versets finissent en *ré* majeur.

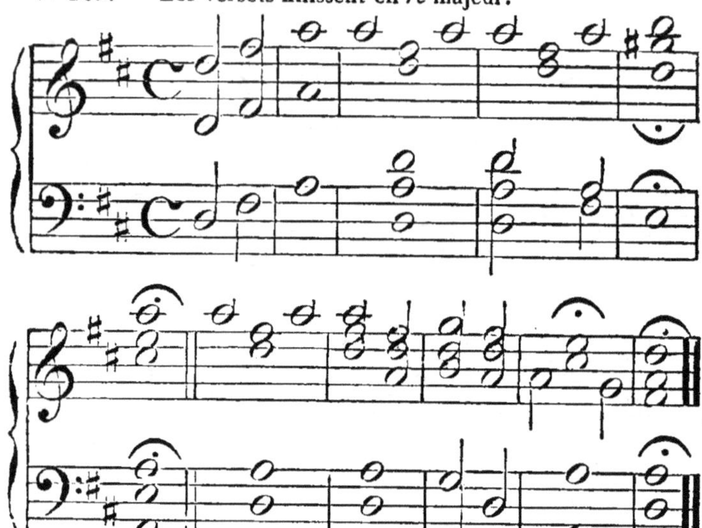

Vᵉ Ton. — Les versets finissent en *ré* majeur.

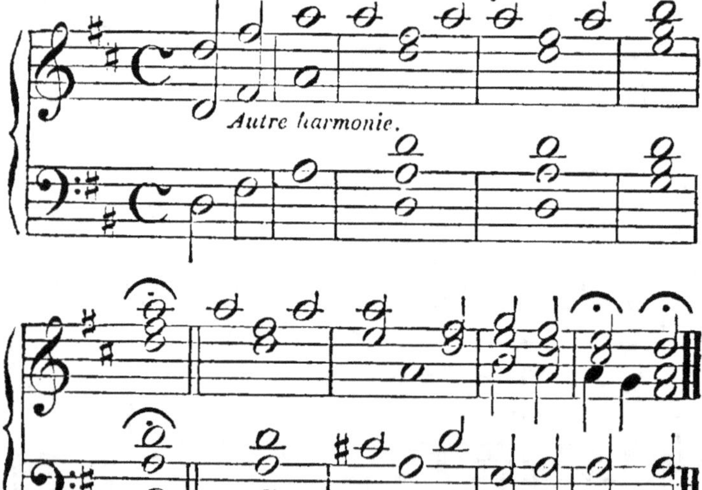

Ve Ton. — Les versets finissent en *ré* majeur.

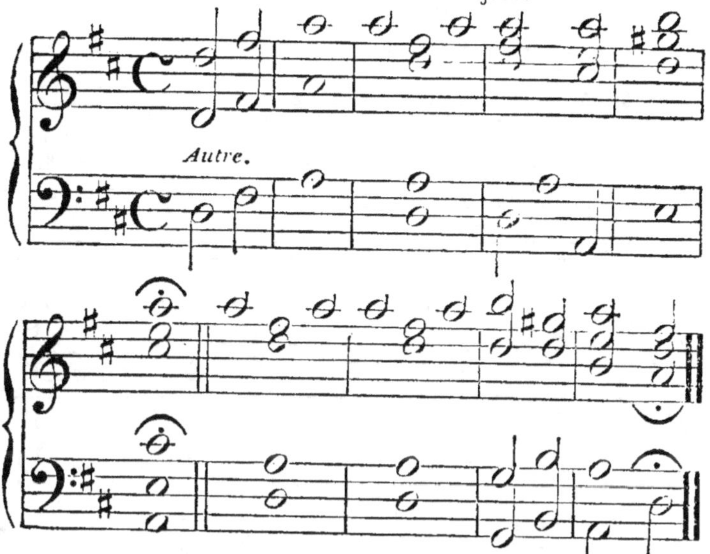

Ve Ton. — Les versets finissent en *ré* majeur.

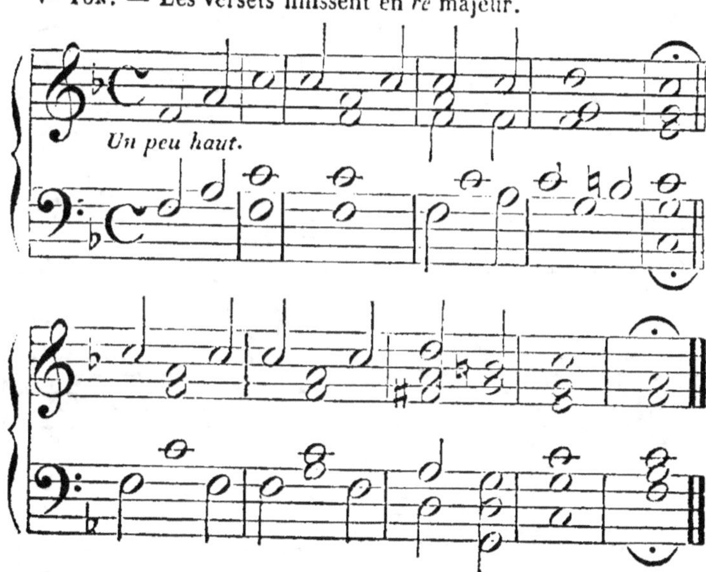

VIe Ton. — Les versets finissent en *fa* majeur.

VIe Ton dit *royal.* — Les versets finissent en *fa* majeur.

VIIe Ton. — Les versets finissent en *ré* majeur.

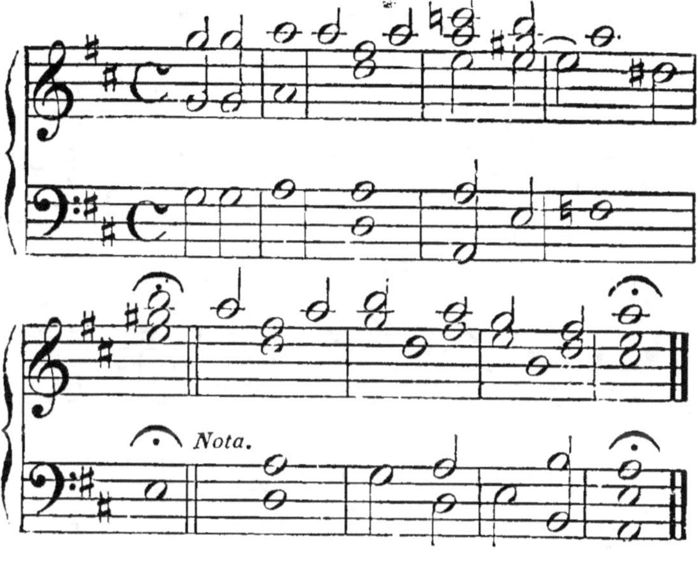

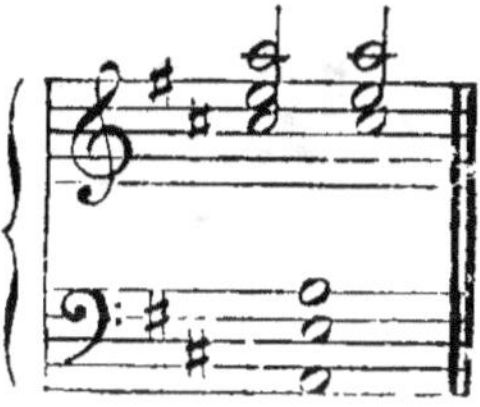

Nota. Les deux quintes ne font pas mauvais effet; si on veut les éviter, on peut intercaler cette mesure.

VIIe Ton. — Les versets finissent en *ré* majeur.

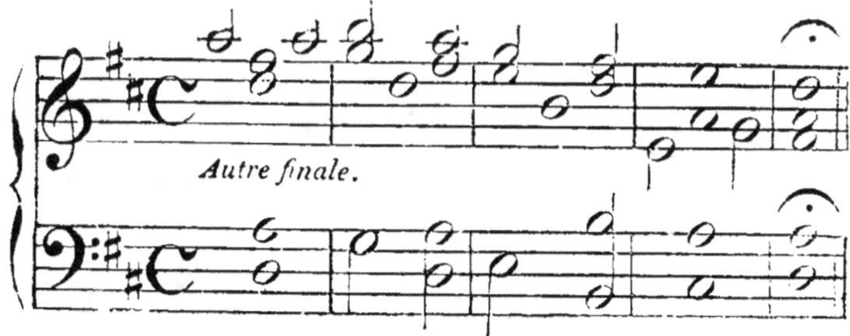

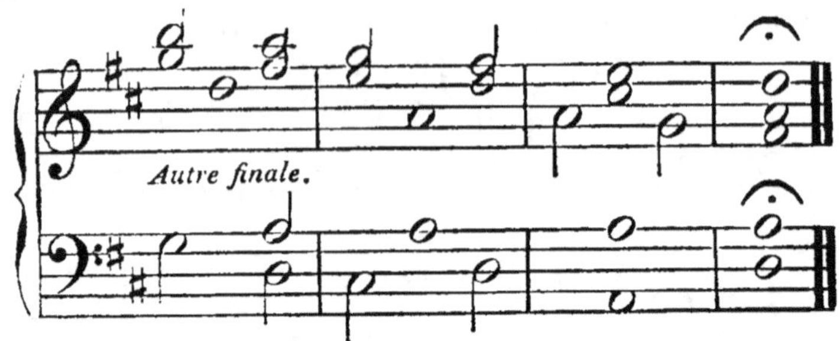

VIIIe Ton. — Les versets finissent en *ré* majeur.

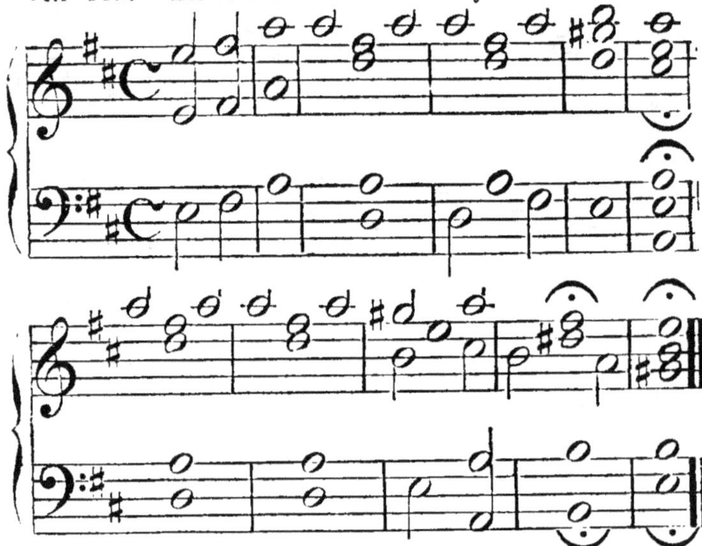

VIIIe Ton. — Les versets finissent en *ut* majeur.
A l'octave supérieure.

Iᵉʳ Ton nouveau. — Les versets finissent en *ré* mineur.

IIe TON NOUVEAU. — Les versets finissent en *fa* ♯ mineur.

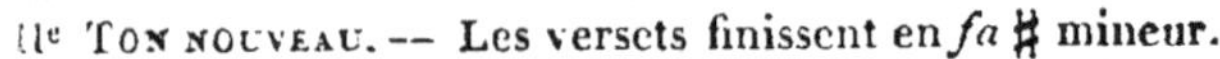

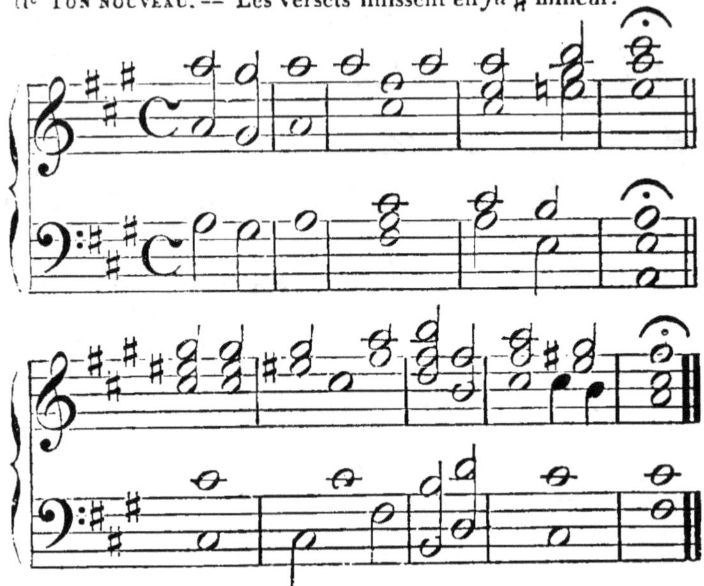

Ve TON NOUVEAU. — Les versets finissent en *ré* majeur.

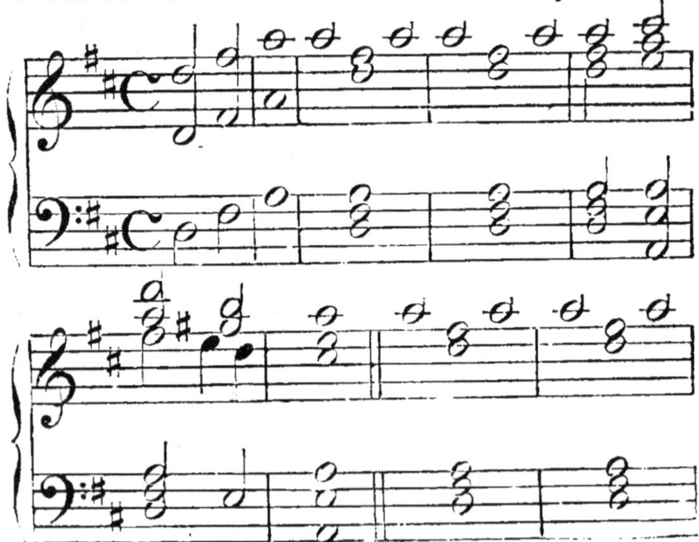

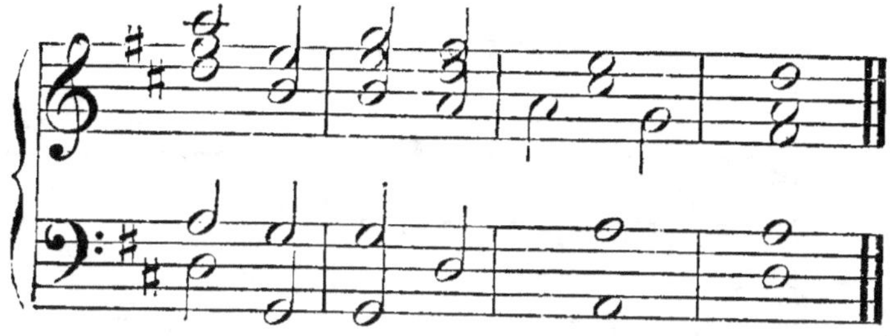

Vᵉ TON NOUVEAU. — Les versets finissent en *ré* majeur.

FIN DES FAUX-BOURDONS.

MOTET.

ADESTE FIDELES

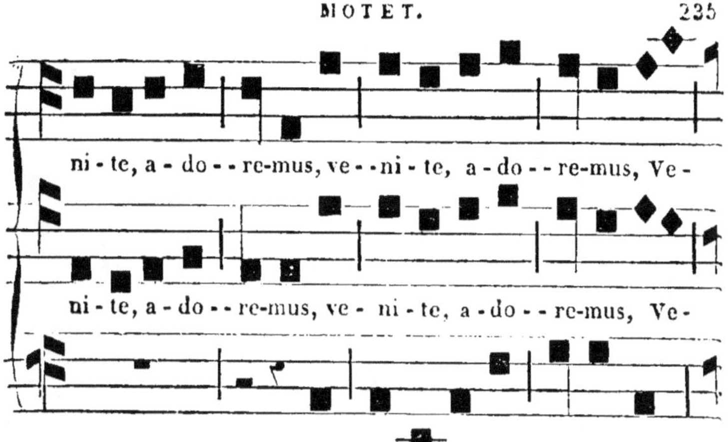
ni - te, a - do - - re-mus, ve - - ni - te, a - do - - re-mus, Ve -
ni - te, a - do - - re-mus, ve - ni - te, a - do - - re-mus, Ve -
Ve - ni - te, a - do - - re-mus, Ve -

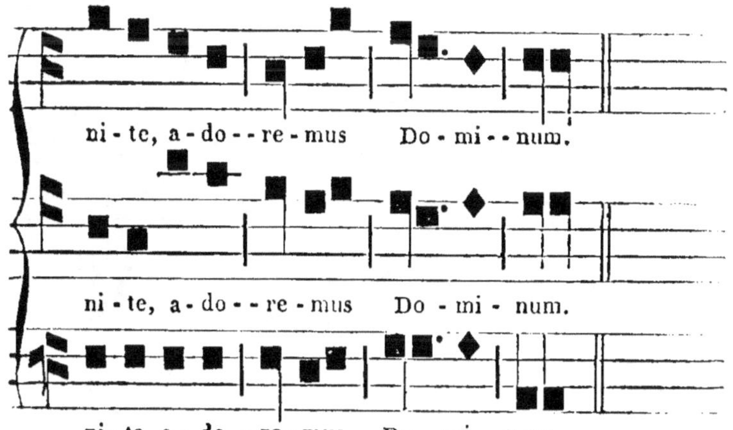
ni - te, a - do - - re - mus Do - mi - - num.
ni - te, a - do - - re - mus Do - mi - num.
ni - te, a - do - re - mus Do - mi num.

ABRÉGÉ

DES

PRINCIPES DE MUSIQUE.

DES LIGNES.

Il y a cinq lignes qui, réunies, se nomment *portée*. On peut en ajouter de petites selon l'étendue des voix et des instruments.

Lignes ajoutées
à l'aigu.

Lignes ajoutées
au grave.

La cinquième ligne a été inventée en 1338 par Jean de Muris, docteur et chanoine de Paris. Il inventa de nouvelles notes telles que ronde, blanche, noire, croche, et il fixa leurs valeurs; il inventa les clefs, etc., etc. Alors la musique commença à prendre un nouvel essor; auparavant elle ressemblait à du plain-chant, composé à peu près de notes d'égale valeur.

DES CLEFS.

Il y a trois clefs :

La clef d'*ut* ,

15.

La clef de *sol* 𝄞 ,

La clef de *fa* 𝄢 .

La clef d'*ut* se pose sur les 1re, 2e, 3e et 4e lignes ;
La clef de *sol* se pose sur les 1re et 2e lignes ;
La clef de *fa* se pose sur les 3e et 4e lignes.

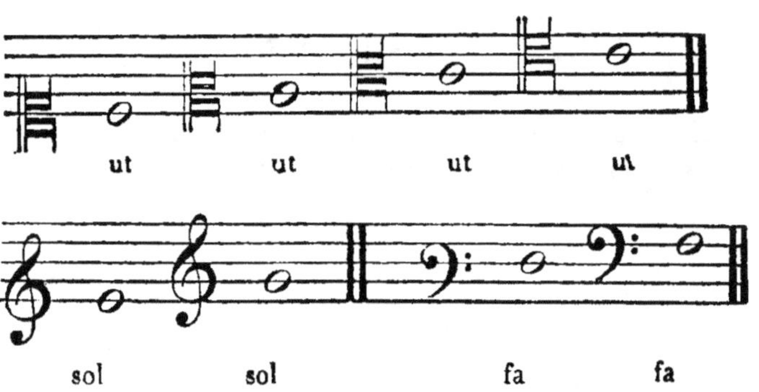

La note placée sur la ligne où est la clef en prend le nom.

DES NOTES.

Il y a sept notes qui sont : *ut, ré, mi, fa, sol, la, si ;* on répète la première note huit degrés plus haut pour compléter la gamme.

GAMME.

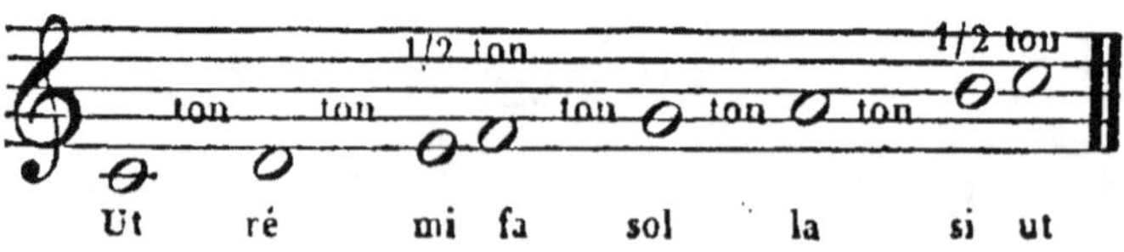

DE LA FIGURE DES NOTES ET DE LEUR VALEUR.

Il y a sept figures de notes.

La ronde.......... 𝅝,

La blanche........ 𝅗𝅥,

La noire.......... ♩,

La croche........ ♪,

La double croche... 𝅘𝅥𝅯,

La triple croche.... 𝅘𝅥𝅰,

La quadruple croche 𝅘𝅥𝅱

La ronde 𝅝 vaut 2 blanches 𝅗𝅥, ou 4 noires ♩, ou 8 croches ♪, ou 16 doubles croches 𝅘𝅥𝅯, ou 32 triples croches 𝅘𝅥𝅰, ou 64 quadruples croches 𝅘𝅥𝅱.

La blanche 𝅗𝅥 vaut deux noires ♩, ou 4 croches ♪, ou 8 doubles croches 𝅘𝅥𝅯, ou 16 triples croches 𝅘𝅥𝅰, ou 32 quadruples croches 𝅘𝅥𝅱.

La noire ♩ vaut 2 croches ♪, ou 4 doubles croches 𝅘𝅥𝅯, ou 8 triples croches 𝅘𝅥𝅰, ou 16 quadruples croches 𝅘𝅥𝅱.

La croche ♪ vaut 2 doubles croches 𝅘𝅥𝅯, ou 4 triples croches 𝅘𝅥𝅰, ou 8 quadruples croches 𝅘𝅥𝅱.

La double croche 𝅘𝅥𝅯 vaut 2 triples croches 𝅘𝅥𝅰, ou 4 quadruples croches 𝅘𝅥𝅱.

La triple croche 𝅘𝅥𝅰 vaut 2 quadruples croches 𝅘𝅥𝅱.

DES SILENCES ET DE LEURS VALEURS.

Il y a sept silences : la pause ▬, la demi - pause ▬, le soupir ⸮, le demi-soupir ⸮, le quart de soupir ⸮, le demi-quart de soupir ⸮, le seizième de soupir ⸮.

Rapport de la note avec son silence.

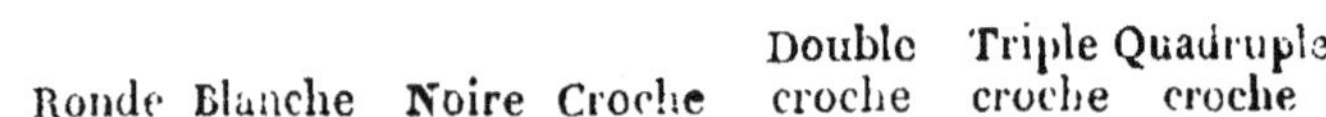

DU POINT.

Le point après une note cu un silence fait augmenter de moitié la note ou le silence qui précède.

Point après la note.

Point après le silence.

DES SIGNES ALTÉRATIFS.

Il y a trois signes altératifs :
Le dièse ♯,
Le bémol ♭,
Le bécarre ♮.

DES DIÈSES.

On peut mettre sept dièses à la clef. On se sert rarement des sept. ils se nomment *fa*, *ut*, *sol*, *ré*, *la*, *mi*, *si*.

Les dièses sont placés de quinte en quinte en montant ou de quarte en quarte en descendant. Ils gardent toujours le même ordre étant à la clef; ils affectent ou altèrent toutes les notes qui portent leur nom, tant à l'aigu qu'au grave. Ils peuvent se mettre indistinctement dans le cours d'un morceau ; mais ceux-ci ne servent que pour la mesure dans laquelle ils se trouvent; c'est pourquoi on les appelle accidentels.

Le dièse hausse la note d'un demi-ton, et le double-dièse hausse d'un demi-ton la note déjà affectée d'un dièse.

DES BÉMOLS.

On peut aussi mettre sept bémols à la clef. Ils se nomment *si*, *mi*, *la*, *ré*, *sol*, *ut*, *fa*.

Les bémols sont placés de quarte en quarte en montant ou de quinte en quinte en descendant. Ils gardent toujours le même ordre étant à la clef. Ils affectent ou altèrent toutes les notes qui portent leur nom, tant a l'aigu qu'au grave. Ils peuvent se mettre indistinctement dans le cours d'un morceau.

Le bémol baisse la note d'un demi-ton, et le double bé-mol baisse d'un demi-ton la note déjà affectée d'un bémol.

DU BÉCARRE.

Le bécarre, ♮, ne se met jamais à la clef ; mais dans le cours d'un morceau, on peut mettre autant de bécarres que l'on veut ôter de dièses ou de bémols.

Le bécarre sert à remettre la note altérée dans son ton naturel, en l'élevant ou la baissant d'un demi-ton.

Exemple sur l'altération.

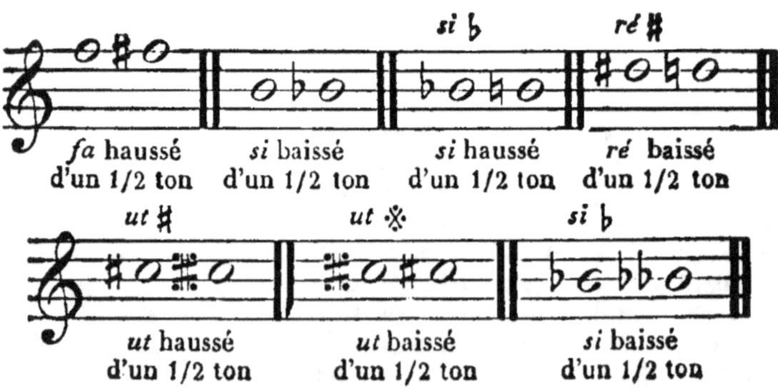

DE LA MESURE.

Il y a trois sortes de mesures : la mesure à deux, à trois et à quatre temps.

MANIÈRE DE LA BATTRE.

La mesure à deux temps se fait par deux mouvements de la main ; l'un en frappant et l'autre en levant, comme :

Dans la mesure à trois temps, la main fait un mouvement en frappant pour le premier temps, se porte à droite pour le second et lève pour le troisième.

Dans la mesure à quatre temps, la main fait un mouvement en frappant pour le premier temps, se porte à gauche pour le second, puis à droite pour le troisième, enfin se lève pour le quatrième.

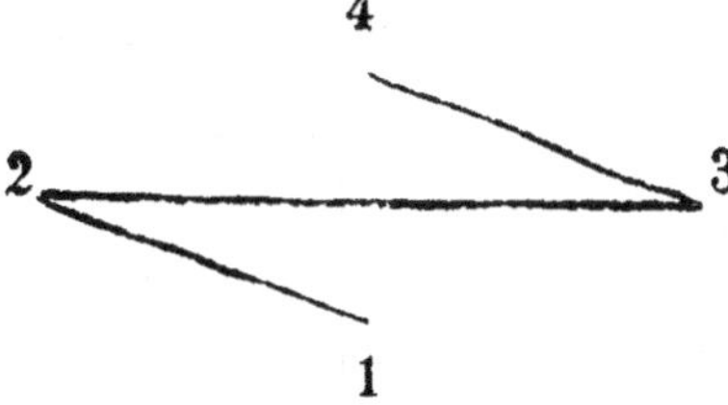

Observez bien que toutes les mesures commencent par le premier temps, c'est-à-dire en frappant de la main.

Il arrive souvent que la première mesure n'est pas complète, il faut donc compter les temps qui manquent.

On entend par mesure ce qui est intercalé entre deux
petites barres. Ces barres se nomment barres de mesure,
de séparation, de division ; s'il y en a deux, barres de terminaison. S'il y a des points à côté, cela signifie de répéter,
de redire ce qui les a précédés.

Barres de séparation,   de terminaison, de répétition ou reprises.

Il y a huit manières de marquer les principales mesures.

1° La mesure à quatre temps se marque par un grand
C ou un **4** (ce chiffre n'est point adopté généralement) ou
par ce nouveau signe 4. Il faut une ronde, ou deux blanches,
ou quatre noires, ou leurs valeurs, pour chaque mesure
Voyez ci-après.

2° La mesure à deux temps se marque par un ₵ barré
ou **2** , ou 2. Il faut une ronde, ou deux blanches, etc., etc.
C'est la même chose que la précédente, mais le mouvement
est plus vif.

3° La mesure à deux temps se marque aussi par $\frac{2}{4}$ ou 2.
Il faut deux quarts de ronde ou deux noires pour la mesure.

4° La mesure à trois temps se marque par un **3** ou $\frac{3}{4}$ ou 3.
Il faut trois quarts de ronde ou trois noires pour la mesure.

5° Cette mesure se marque aussi par $\frac{3}{8}$ ou 3. Il faut trois
huitièmes de ronde ou trois croches pour la mesure.

MESURES COMPOSÉES.

6₀ La mesure à $\frac{6}{8}$ ou 6 dérive de celle à deux temps; il faut six huitièmes de ronde ou six croches pour la mesure.

7₀ La mesure à $\frac{9}{8}$ ou 9 dérive de celle à trois temps; il faut neuf huitièmes de ronde ou neuf croches pour la mesure.

8₀ La mesure à $\frac{12}{8}$ ou 12 dérive de celle à quatre temps; il faut douze huitièmes de ronde ou douze croches pour la mesure.

5° 

Une croche pour un temps.

6°

Trois croches pour un temps.

7°

Trois croches pour un temps.

8°

Trois croches pour un temps.

DU TRIOLET.

Le triolet signifie de faire trois notes de même valeur au lieu de deux ; il se marque du chiffre 3, et si le triolet est double on le marque du chiffre 6. C'est une licence, parce que les valeurs sont hors des règles ordinaires.

Trois pour deux.　　Six pour quatre.

On rencontre quelquefois sept notes pour six, neuf. dix, onze, etc., etc., pour huit. Ces sortes de passages s'écrivent toujours par un chiffre qui en marque le nombre ; au lieu que les triolets ordinaires se chiffre rarement.

DE LA GAMME.

La gamme majeure est composée de cinq tons, comme d'*ut* à *ré*, de *ré* à *mi*, de *fa* à *sol*, de *sol* à *la*, de *la* à *si*.

Et deux demi-tons, comme de *mi* à *fa* et de *si* à *ut*.

Le ton est composé : d'un demi-ton mineur chromatique ou de quatre comas ;

Et d'un demi-ton majeur diatonique ou de cinq commas, ce qui fait neuf commas.

Comme nous avons deux demi-tons majeurs dans la gamme, il en résulte que ces deux demi-tons surpassent d'un comma le ton ordinaire.

Le demi-ton diatonique, appelé majeur, est formé de deux notes différentes, comme *si ut*, *fa ♯ sol*, *la si♭*.

Le demi-ton chromatique appelé mineur est formé de deux notes de même nom, comme d'*ut* à *ut ♯*, de *ré♭* à *ré♮*, de *fa♯* à *fa ✕*.

Le demi-ton diatonique peut annoncer ou être la note sensible d'un mode, au lieu que le demi-ton chromatique ne peut l'être.

Entre ies deux notes *ut* et **ut♯**, l'*ut* naturel n'est point la note sensible de *ut♯*, mais *si♯*. Cet ut est plus bas d'un huitième de ton que le *si♯*. L'*ut* naturel ne peut être sensible que de *ré♭*.

MODÈLE DES GAMMES MAJEURES.

ton ton 1/2 ton ton ton 1/2 ton 1/2 ton ton ton 1/2 ton ton ton

MODÈLE DES GAMMES MINEURES.

                          ton
ton 1/2 ton ton   ton 1/2 ton et demi 1/2 ton

      ton
1/2 ton et demi 1/2 ton ton   ton 1/2 ton ton

On peut dans la vitesse faire le *fa♯* en montant et le *sol* naturel en descendant pour ôter la dureté d'intonation qu'il y a de *fa* à *sol♯*, ou de *sol♯* au *fa*.

Exercice.

Mode majeur d'*ut*.

Exercice.

Mode mineur de *la*.

Il faut, avant de chanter une leçon :

1° faire l'une des gammes et exercices ci-dessus, afin de bien se pénétrer du mode ;

2° Il faut s'accoutumer de bonne heure à connaître les phrases, à respirer à propos ;

3° A connaître les temps forts et les temps faibles.

Dans la mesure à quatre temps, le premier et le troisième temps sont forts, le deuxième et le quatrième faibles. Dans la mesure à trois temps, le premier temps est fort et les deux autres faibles. Dans la mesure à deux temps, le premier temps est fort et le second faible.

4° A connaître une cadence finale ; si elle procède du temps faible au temps fort elle est bonne, et le contraire si elle procède du fort au faible.

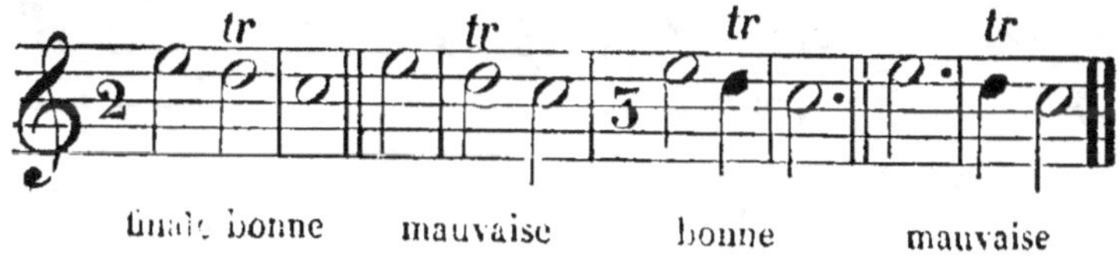

DES MODES OU TONS.

Voyez ce que nous avons dit ci-dessus à ce sujet.

Il y a deux modes : le mode majeur et le mode mineur.

Pour savoir dans quel mode l'on est, il y a quatre choses à observer :

1° Les signes qui sont à la clef ;

2° La note finale dite tonique ;

3° La tierce au-dessus de la note finale ;

4° La note sensible du mode.

1° S'il n'y a ni dièses ni bémols à la clef, on est dans le mode majeur d'*ut* ou dans le mode mineur de *la*.

2° La finale est donc *ut* ou *la*.

3° La tierce est de deux sortes, ou majeure ou mineure.

La tierce majeure est composée de deux tons, comme *ut mi*.

La tierce mineure est composée d'un ton et demi, comme *la ut*.

C'est la tierce qui caractérise le mode.

Si de la tonique à la tierce il y a deux tons, le mode est *majeur*.

Si de la tonique à la tierce il y a un ton et demi, le mode est *mineur*.

4° La note sensible est toujours à un demi-ton au-dessous de la tonique. Il faut toujours un signe altératif à côté de la note sensible dans le mode *mineur,* au lieu que l'altération, dans le mode majeur, ne se marque pas à côté de ladite note.

C'est cette altération du mode mineur qui décide dans lequel des deux modes on est.

Quelques morceaux font leur repos sur le *sol* ou le *mi*, quintes des deux modes, appelées dominantes; cela se trouve fréquemment dans le Solfége d'Italie, etc.

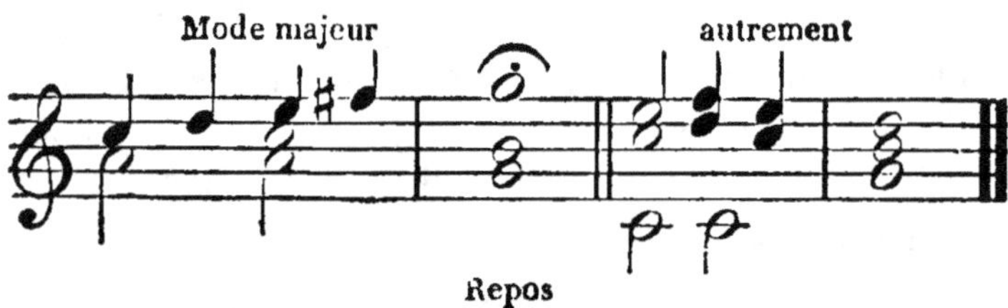

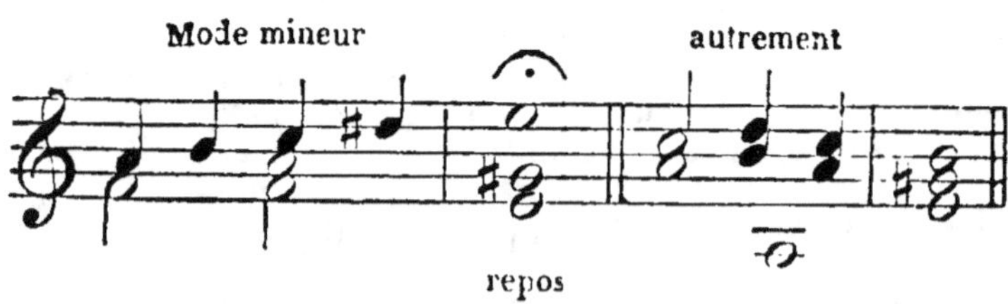

Pour savoir dans quel Mode on est lorsqu'il y a des dièses à la clef.

Lorsqu'il y a des dièses à la clef, on prend la note au-dessus ou au-dessous du dernier dièse. La note prise au-dessus indique la tonique du mode majeur, et celle prise au-dessous indique la tonique du mode mineur. Ainsi lorsqu'il y a un dièse à la clef, on est en *sol* majeur ou en *mi* mineur. Pour décider lequel des deux modes, on regarde au commencement ou vers la fin si l'on rencontre la note sensible du mode mineur, car c'est elle qui décide le mode et doit toujours porter un signe altératif. Cette note sensible pourrait bien ne pas se trouver dans un chant de courte durée, mais l'accompagnement et la tournure de chant la feront assez connaître et entendre ; un peu d'expérience mettra vite au fait.

Règles pour connaître et se rappeler facilement toutes les notes sensibles.

Première règle. Toute tonique naturelle exige un dièse à la note sensible.

Deuxième règle. Toute tonique diésée exige un double dièse à la note sensible.

Troisième règle. Toute tonique bémolisée exige une note naturelle à la note sensible, excepté *fa*, *mi*, *ut*, *si*, qui sont du même genre ; c'est-à-dire si le *fa* est diésé, le *mi* sera aussi diésé ; si l'*ut* est bémolisé, le *si* sera aussi bémolisé ; si l'*ut* est naturel, le *si* sera aussi naturel, ou désigné par un bécarre.

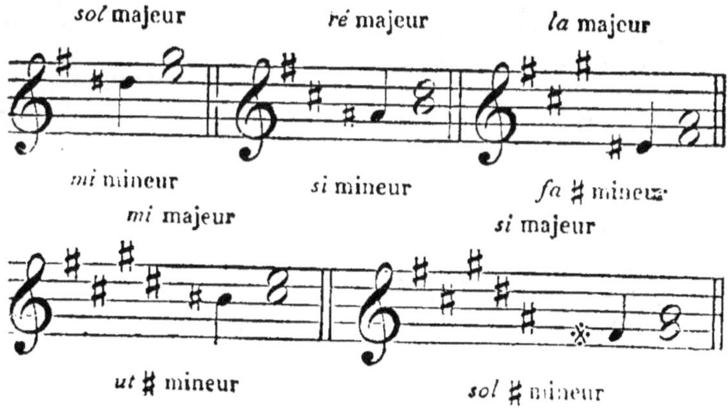

La note noire désigne la note sensible du mode mineur ; elle doit toujours avoir un signe altératif. Le dernier dièse posé à la clef désigne la note sensible du mode majeur.

Pour les Bémols.

Lorsqu'il y a des bémols à la clef, on prend la tierce et la quinte au-dessus du dernier bémol ; la tierce indique la tonique du mode mineur, et la quinte celle du mode majeur.

Règle facile à saisir.

On se figure les cinq lignes ci-dessus. Si le bémol ou dernier bémol est placé sur une ligne, les notes des deux lignes suivantes en montant désignent les deux modes ; l'inférieure, la tonique du mode mineur, et la supérieure celle du mode majeur. Ainsi dans le premier exemple on sera en *ré mineur* ou en *fa majeur*. Si le dernier bémol est dans un interligne, on prend les notes des deux interlignes suivans (même opération que ci-dessus) ; on sera en *ut mineur* ou en *mi♭ majeur*.

La note noire désigne la note sensible du mode mineur: elle doit toujours avoir un signe altératif.

Origine du Dièse et du Bémol.

D'après la gamme naturelle, les **six** premières notes ont comme accord la quinte juste, composée chacune de trois tons et demi; mais la quinte de la septième note est diminuée, c'est-à-dire est composée de deux tons et de deux demi-tons. Il a fallu, pour rendre cette dernière quinte égale aux autres, chercher un moyen de lui ajouter le demi-ton qui lui manque par celui du dièse ainsi figuré ♯, que l'on a mis auprès du *fa*, à sa gauche. Ce signe ♯ signifie hausser la note d'un demi-ton, ou le bémol ainsi figuré ♭, que l'on a mis de même à gauche de la note, signifie baisser la note d'un demi-ton.

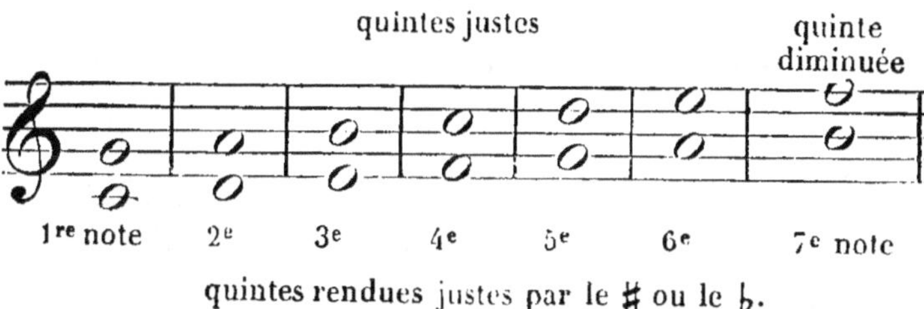

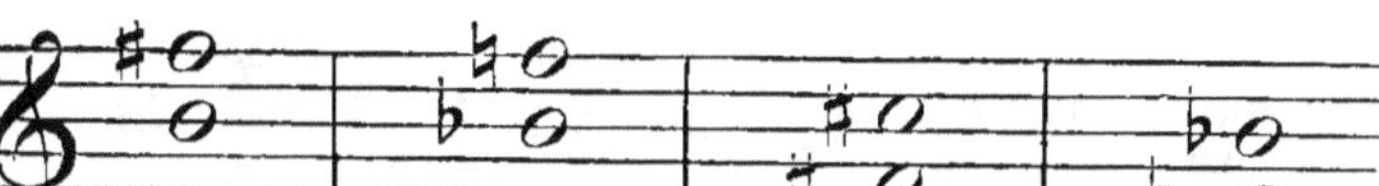

Le *fa* ♯ trouvé, il a fallu hausser la note *ut* pour avoir sa quinte juste *fa* ♯ *ut* ♯ en montant, ainsi de suite. Pour le bémol, il a fallu baisser la note *mi* pour avoir également sa quinte juste *si* ♭ *mi* ♭ en descendant. etc., etc

16

DE LA LIAISON.

La liaison, ainsi figurée ⌢, peut se mettre sur toutes les notes indifféremment; mais la liaison dite syncope se met sur deux notes du même nom, dont la première commence au levé et finit au frappé de la mesure, ou du temps foible au temps fort.

DU POINT D'ORGUE.

Lorsqu'il y a un point sous le cercle ⌢, on l'appelle point d'orgue, c'est-à-dire qu'il faut soutenir la note et suspendre la mesure pendant quelque temps. Il se place aussi sur le silence dans la même intention. Sa durée est de convention.

Autre.

Il faut quitter la note sèchement.

Je ne mets point ici d'exercices ou leçons; les personnes familiarisées avec ce petit extrait de musique pourront étudier dans les Solféges, où elles trouveront d'autres règles inutiles dans cet abrégé.

FIN.

TABLE DES MATIÈRES.

PREMIÈRES LEÇONS.

INDICATIONS SUR LA MANIÈRE DE CHANTER L'OFFICE.

TABLE DES PRINCIPES DE MUSIQUE.

FIN.

ERRATA.

Pag. 1, sixième ligne, *lisez* Pontian *au lieu de* Pontiau.
Pag. 10, sixième ligne, *lisez* quo *au lieu de* qui.
Pag. 33, deuxième ligne, *lisez* muance *au lieu de* nuance.
Pag. 44, première ligne, *lisez* VIII siècle *au lieu de* XVIII siècle.
Pag. 47, deuxième portée, deuxième mesure, *lisez* :

Pag. 48, troisième portée, deuxième exemple, *lisez devant* :
Du 8. Ton.
Pag. 57, cinquième portée, *lisez* creavit *au lieu de* créait.
Pag. 58, *lisez* Tierce majeure *au lieu de* Tierce mineure.
Pag. 63, première portée, *lisez* 2 A. *au lieu de* 2 D.
Pag. 77, quatrième portée, les deux exemples sont du quatrième Ton, et les trois suivans du huitième.
Pag. 110, au bas de la page, *lisez* dans *au lieu de* dan.
Pag. 133, deuxième portée, *lisez* 5. Ton *au lieu de* 1. Ton.

www.ingramcontent.com/pod-product-compliance
Lightning Source LLC
LaVergne TN
LVHW010953180726
843502LV00004B/1184